KB250377

LUCKY

TAR✳T

BOOK

LUCKY

그랜드 마스터 레이철 폴락의 타로카드 완벽 가이드

TAROT

럭키 타로북

BOOK

레이철 폴락 지음 | 구민희 번역·감수

재미주의

그랜드 마스터 레이철 폴락의 타로카드 완벽 가이드

럭키 타로북

초판 1쇄 발행 2017년 12월 26일
초판 14쇄 발행 2024년 1월 22일

지은이 레이철 폴락 **번역감수** 구민희

발행인 이봉주 **단행본사업본부장** 신동해
디자인 데시그 **마케팅** 최혜진 신예은
홍보 반여진 허지호 정지연 송임선 **국제업무** 김은정 김지민 **제작** 정석훈

브랜드 재미주의
주소 경기도 파주시 회동길 20
문의전화 031-956-7209(편집) 031-956-7087(마케팅)
홈페이지 www.wjbooks.co.kr
인스타그램 www.instagram.com/woongjin_readers
페이스북 www.facebook.com/woongjinreaders
블로그 blog.naver.com/wj_booking

발행처 ㈜웅진씽크빅
출판신고 1980년 3월 29일 제406-2007-000046호

ISBN 978-89-01-22097-0 13180

교사이자 심령술사이며 '신성한 장미 타로Sacred Rose Tarot'의 창작자인
조해너 가지울로 셔먼Johanna Gargiulo-Sherman에게 이 책을 헌정하며,
에덴 그레이Eden Gray를 기린다.

바버라 무어Barbara Moore, 마사 밀러드Martha Millard,
조 매토프Zoe Matoff, 그리고 '타로 리더 되기' 그룹의 통찰력과
열의에도 감사드린다.

차례

45년이 넘는 시간 동안 타로를 연구하면서 많은 사람들에게 질문을 받았다. 어떻게 타로와 만나게 되었는지. 나는 타로를 통해 영적인 가르침, 오컬트의 역사, 심리학, 고대와 현대의 지혜 등 많은 것을 배웠지만 내가 타로를 발견한 것이 아니라 타로가 나를 발견한 것처럼 느끼곤 한다. 타로카드가 알려주는 것들을 받아들일 준비가 되었을 때, 타로카드가 내게 나타난 듯하다.

나는 1970년대에 처음 타로카드와 만났다. 그때 나는 뉴욕 북쪽에 있는 대학에서 문학을 가르치고 있었다. 함께 일하던 동료 교사가 자신을 차로 태워준다면, 타로를 가르쳐주겠다는 제안을 했고, 그 제안은 꽤 재미있게 들렸다. 어떤 카드가 나왔는지, 어떤 얘기를 했는지는 기억나지 않지만, 그녀가 사용한 타로카드와 책만은 기억하고 있었는데 뉴욕과 몬트리올에서 그때 사용한 타로카드와 책을 발견했다. 물론 이 일은 인터넷이 활성화되기 한참 전의 이야기이고, 지금처럼 타로카드가 대중적으로 인기를 얻기도 전이다.

그 책은 에덴 그레이의 『비밀이 드러난 타로The Tarot Revealed』였다. 겉보기에는 매우 단순한 책으로 타로카드의 그림과 리딩 방법을 안내하는 짧은 글로 구성되어 있었다. 하지만 저자인 에덴 그레이는 타로의 깊고 경이로운 세계를 이해하고 있었기에 그녀의 책은 겉보기보다 많은 것을 담고 있었다.

새로운 세기를 맞으며 운 좋게 에덴 그레이를 만날 기회가 있었다. 96세였던 그녀는 시카고에서 열린 타로 컨퍼런스에 초대받았고, 그녀를 소개하자 참여자 전체가 발을 굴러 열렬한 환영을 보여주었다.

에덴 그레이는 현대 타로의 어머니 같은 존재다. 그녀는 1950~1960년대에 뉴욕에서 독특한 주제를 가진 도서들을 판매하는 서점을 운영했는데 타로카드를 배울 수 있는 기초 서적을 찾는 사람들이 많았다고 한다. 하지만 타로에 관한 기초 서적은 흔치 않았고 결국 그녀는 직접 책을 쓰게 되었다.

몇 년 전, 나는 타로 수업을 마치면서 타로카드 해석의 역사를 정리해야겠다고 결심했다. 폴 허슨Paul Huson이라는 작가가 타로카드 초기의 의미를 정리해두었고, 이는 카드의 의미가 어떻게 진화했는지 볼 수 있는 중요한 자료다. 현재 대부분의 타로 리더들이 받아들이는 타로의 의미는 옛날 자료에서는 나타나지 않는다. 우리 모두가 추종하는 '라이더 덱Rider Deck'을 만든 아서 에드워드 웨이트Arthur Edward Waite 경의 자료도 다를 바가 없다. 그렇다면 타로의 의미는 어디에서 비롯되었을까? 나는 에덴 그레이가 '바보 카드의 여정the Fool's Journey'이라고 묘사했던 타로카드의 의미를 마침내 알아차렸고 그에 대해 정리하고 싶었다.

　내가 에덴 그레이의 책을 언급한 이유는 이 책이 짧고 간결하지만 깊은 지식과 깨달음을 전해주는 에덴 그레이의 전통을 계승하고 있기 때문이다. 이 책은 타로의 다양하고 멋진 지혜와 비밀의 저장고 문을 한두 개쯤 열어줄 것이다. 당신이 그 문을 열고 타로를 리딩할 수 있었으면 좋겠다. 사실 이 책을 읽고 바로 타로 리딩을 시작할 수도 있지만 타로 리더가 될 때까지 반복해서 읽고 또 읽었으면 한다.

　나는 타로를 가르치고 타로에 대한 책을 쓰면서 현대의 타로 연구자들이 연구한 결과가 역사적으로 틀린 것이 아닐까 생각했다. 예를 들어 사람들은 카드놀이가 타로카드에서 왔으며 메이저 아르카나에서 무거운 상징을 빼고 간소화한 것이라고 믿는다. 사실 카드놀이는 북아프리카에서 유럽으로 전해졌는데, 14세기 말에 집시가 아닌 학살자들을 통해서 전해졌을 것이다. 초기의 타로 덱은 40~50년 후인 1430년대 이탈리아 북부 페라라나 밀라노에서 시작되었다. 이때 만들어진 타로 덱은 가장 아름답고 고상한 타로로 유명하다.

78장의 타로카드는 라틴어로 '비밀'이라는 뜻의 메이저 아르카나와 네 개의 슈트로 이루어진 마이너 아르카나로 나뉜다. 슈트의 이름은 다양하지만, 대부분은 막대, 컵, 칼, 동전이라 부른다. 메이저 아르카나는 트럼프trump라고 불리는데 라틴어로 승리를 뜻하는 'trionfii'에서 온 말로, 0(바보 카드)부터 21(세계 카드)까지의 숫자를 가지고 있다. 마이너 아르카나는 에이스부터 10까지의 슈트 카드, 그리고 코트 카드인 시종, 기사, 여왕, 왕 카드로 구성되어 있다.

현대 역사가들은 많은 증거를 바탕으로 메이저 아르카나의 '여황제'나 '악마' 같은 도발적인 이름이 오컬트나 마법을 상징하는 것이 아니라 르네상스 시기의 영적인 관점을 말하는 것이라고 믿는다. 1781년, 타로의 역사에서 놀라운 사건이 일어났다. 프랑스인이자 프리메이슨, 오컬트 학자인 앙투안 쿠르 드 제블랭Antoine Court de Gébelin과 멜레 백작Comte de Mellet이 타로에 관한 에세이 여덟 권을 출판했는데, 오컬트에 대한 제블랭의 방대한 견해를 담은 『태고의 세계Le Monde Primitif』라는 책이었다. 그들은 타로가 이집트의 가르침과 신비한 의미를 담은 스물두 개의 히브리문자에 기초하고 있다고 보고 사상과 상징의 대략적인 체계를 잡았다.

이 생각은 19세기를 지나는 동안 발전되어서, 히브리문자와 기독교적 신비주의, 이교도의 신들, 점성학과 관련된 의미가 황금새벽회Golden Dawn라고 불리는 조직에 의해 광범위하게 통합될 때까지 계속되었다. 황금새벽회에서는 타로를 모든 지식의 위대한 저장소이고, 인간적인 만큼 신성하며, 존재의 수준을 높이는 길로 여겼다. 황금새벽회는 단 15년 동안 지속되었지만, 그 영향은 강하게 이어지고 있다.

황금새벽회 멤버 중 한 명이자 리더를 맡기도 했던 신비주의 학자 아서 에드워드 웨이트 경은 타로를 '바로잡기'로 마음먹고, 황금새벽회의 지혜와 자신의 통찰을 타로카드에 담기로 결심했다. 그는 생각한 개념을 현실화하기 위해 황금새벽회의 멤버이자 화가, 무대 디자이너인 패멀라 콜먼 스미스

Pamela Colman Smith를 고용했다.

그들이 창조한 덱은 라이더 또는 라이더 웨이트 또는 라이더 웨이트 스미스Rider-Waite-Smith라 불렸고, 바로 이 책에 인쇄된 카드이다. 라이더 덱은 세계에서 가장 인기 있는 타로 덱이 되었다. 이런 인기는 카드 속 인물의 외모와 숫자가 매겨진 마이너 아르카나의 그림들 덕분이다. 옛날 덱의 마이너 아르카나는 카드놀이용 카드와 비슷했다. 예를 들어 칼 4 카드는 하얀 배경에 칼 네 개가 있고, 컵 7 카드는 컵 일곱 개만 그려져 있었다. 반면 라이더 웨이트 카드에는 카드가 담고 있는 이야기의 어떤 순간을 나타내는 사람이 그려져 있다.

카드의 결과는 경험의 만화경과 같다. 메이저 아르카나가 삶의 큰 원칙들을 나타낸다면, 마이너 아르카나는 좀 더 즉각적인 승리와 슬픔, 기쁨의 감각을 보여준다.

다른 타로 책처럼 이 책 역시 타로카드를 순서대로 설명하고 있지만, 타로카드는 섞여야 하고 우리는 항상 재정렬해야 한다. 새로운 해석의 가능성을 지속적으로 창조해야 하기 때문이다. 질문에서 답을 찾을 때 진정한 힘이 생긴다. 그러므로 타로는 리딩을 통해 배워야 하며, 리딩을 통해 무궁무진한 것을 얻을 수 있다. 예를 들어 연인 카드는 "이 관계에서 무엇을 얻을 수 있을까?"라는 질문에는 매우 분명한 답을 주는 것처럼 보이지만, "회의 시간에 상사를 어떻게 대해야 할까?" 같은 질문일 때는 어떤 의미일까? 당연히 상사를 유혹하라는 의미는 아니다.

이 책에서는 카드 각각의 상징과 의미를 안내하려고 노력했다. 그러나 타로를 배우는 가장 좋은 방법은 타로카드를 직접 사용하는 것이다. 어떤 사람들은 타로카드의 정방향과 역방향의 의미를 모두 암기하기 전까지는 타로 리딩을 하면 안 된다고 말한다. 또 어떤 이들은 스스로의 육감과 직관으로 타로카드를 파악하기 전에는 절대 책을 펴서는 안 된다고 한다. 하지만 어떤 방법이든 상관없다. 당신이 따르는 방식이 당신에게 맞는 방식이다. 참고로 나는 타로카드와 에덴 그레이의 책을 산 다음, 카드의 배열을 익히고, 그대로 카드를 내려놓고 심사숙고한 후 책으로 해석을 찾아보았다. 카드에 대한 설명을 읽거나 카드의 의미를 암기하기 전에, 카드를 실제로 사용하는 법을 알고 싶었다.

타로카드의 의미를 책에서 찾아보기도 했지만, 내 직관이 책과 다를 때는 책을 넘어서는 것을 주저하지 않았다. 나는 두 가지 이유로 해석에 좀 더 자유를 주었다. 첫째, 책에 나오는 묘사는 매우 기본적이기 때문에 상황에 따라 다르게 받아들여야 한다. 둘째, 모든 카드는 책을 뛰어넘는 지혜를 담고 있다.

그러므로 이 책을 읽기 전에 타로 리딩을 해보고 싶다면 그것도 좋다. 자신만의 방법을 찾고 그림을 들여다보고 싶으면 그렇게 하라. 한 손에는 카드를, 한 손에는 이 책을 들고 바로 리딩을 시작하겠다면 그렇게 도전해보라.

이 책에서는 모든 카드의 정방향과 역방향에 대한 의미와 상징을 소개한다. 참고로 역방향은 카드가 그려진 방향을 기준으로 그림이 거꾸로 보이는 상태를 말한다. 더하여 이 책에서는 각각의 카드만을 위한 스프레드를 소개한다. 모든 카드는 세계를 바라보는 시각을 담고 있다. 이 스프레드는 이전에 출간한 책『타로의 지혜Tarot Wisdom』에서 처음 소개되었으며 점차 심화되었다.

약 반세기 동안 나는 타로로 작업하고, 타로 리딩을 하며, 타로에 대해 생각하고, 타로를 가지고 놀았다. 그 과정을 거치며 한 가지는 확실하게 말할 수 있다. 타로는 끝이 없다는 것이다. 우리가 성장하고 변화하는 것처럼 타로도 성장하고 변화한다. 타로가 당신을 찾아냈듯이, 당신 역시 타로 안에서 자신을 찾아야 한다.

메이저 아르카나

The Major Arcana

메이저 아르카나는 타로를 타로답게 만드는 존재다. 타로는 심오한 의미를 지닌 스물두 개의 메이저 아르카나와 네 가지 슈트 카드로 이루어져 있다. 정확히 언제부터 트럼프 카드로 점을 쳤는지는 알 수 없지만 사람들은 게임이나 도박을 할 때 사용한 도구로 종종 점을 쳤기 때문에 트럼프 카드로 점을 치는 것 자체가 특별한 일은 아니다. 그러나 타로카드의 메이저 아르카나는 질문에 대한 간단한 답을 뛰어넘는 단계의 이해를 필요로 한다. 카드 리딩 중에 메이저 아르카나가 전혀 나오지 않아도 마이너 아르카나에서 메이저 아르카나의 상징적 의미를 떠올린다.

메이저 아르카나의 원래 이름은 '트럼프trumps(승리를 의미)'로 1430년경 이탈리아에서 시작됐다. 사람들은 트럼프 카드가 비밀의 문서인지 아닌지에 대해 오랫동안 토론했지만 그건 중요하지 않다. 트럼프 카드에 이집트인의 가르침이나 유대교의 신비적 전통인 카발라가 담겨 있지 않아도 타로카드 자체에 영적인 메시지를 담고 있기 때문이다. 여교황(2번 고위 여사제), 연금술사인 은둔자(9번 은둔자), 천사들(14번 절제, 6번 연인), 악마(15번 악마), 죽음과 부활(20번 심판) 같은 카드들은 우리의 삶과 환경을 돌아보게 만든다.

1781년, 타로카드의 기원이 고대 이집트라는 첫 번째 오컬트 이론이 등장한 후 메이저 아르카나는 좀 더 구조적으로, 그리고 논리적으로 변모했다. 이름이 바뀌고, 그림이 변형되었으며, 상징이 추가되고, 더욱 깊고 미묘한 이야기를 가지게 되었다.

에덴 그레이는 이 이야기를 '바보 카드의 여정the Fool's Journey' 이라고 불렀으며, 이 이름은 오랜 시간을 거치며 하나의 명칭으로 굳어졌다. 0번 카드 속 바보는 다양한 도전을 하는, 심지어 죽음까지도 넘어서며 영적인 빛을 찾는 영혼을 상징한다. 이 위대한 이야기가 멋진 이유는 단계마다 우리의 삶에 적용할 수 있는 다양한 메시지가 있기 때문이다. 카드 리딩을 한다는 것은 이런 의미다. 이 깊이 있고 상징적인 그림을 구체적인 문제와 상황에 적용하는 것이다. 그렇다고 더 넓은 의미가 사라지는 것은 아니다. 나는 카드에 대한 설명이 너무 복잡해지지 않았으면 해서 키워드로 시작해 점술적 의미와 역방향의 의미를 정리하며 메이저 아르카나를 설명할 것이다.

우리는 이 '바보 카드의 여정'을 어떻게 이해하면 좋을까? 메이저 아르카나의 숫자인 22를 그룹으로 나눠서 보면 좋다. 예를 들면 1번부터 10번을 이야기의 절반이라 하고, 11번부터 20번을 나머지 반으로, 21번 카드를 이야기의 클라이맥스

라고 보면 된다. 이렇게 나누면 전반부와 후반부를 흥미롭게
비교할 수 있다.

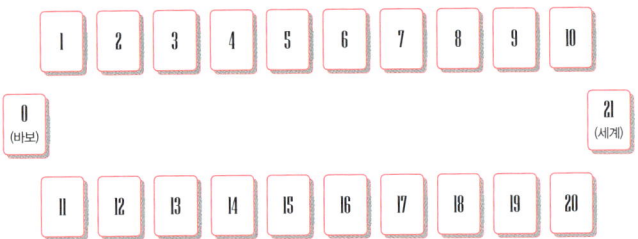

또는 1번부터 10번까지를 첫 번째 절반이라 보고, 12번부
터 21번까지를 두 번째 절반이라고 볼 수도 있는데, 이때는 저
울의 균형을 나타내는 11번 정의 카드가 중심축이 된다.

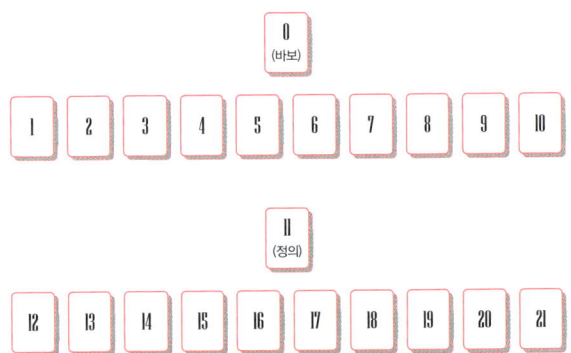

개인적으로는 0번 바보 카드를 맨 앞에 두고 카드를 일곱 장씩 세 줄로 나누는 것이 좋다고 생각한다.

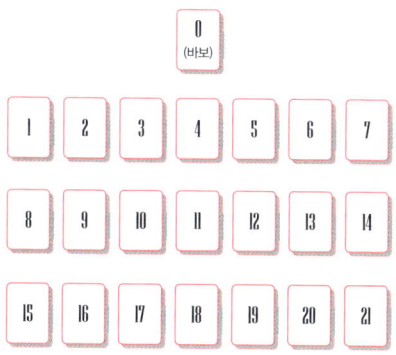

내가 일곱 장씩 세 줄로 나눈 것은 임의가 아니다. 3과 7은 많은 의미를 가진 숫자다. 전 세계의 신화와 종교에서 3과 관련된 이미지가 무수히 등장한다. 기독교에는 성부–성자–성령의 삼위일체가 있고, 힌두교에는 창조자–수호자–파괴자의 트리무르티Trimurti 구조가, 유럽에는 젊은 여성–어머니–할머니라는 운명의 세 여신이 있다. 현대 철학에는 테제–안티테제–진테제라는 이론이 존재한다. 나는 이 모든 것이 우리의 존재에서 비롯했다고 본다. 우리는 어머니와 아버지의 유전자 결합으로 태어났고 아버지–어머니–아이는 근본적인 삼위일체를 이룬다.

그렇다면 7은 어떤 의미일까? 열 개의 점성학적 '행성' 중 육안으로 볼 수 있는 것은 일곱 개다. 그래서 우리는 한 주를 7일로 보고 각각의 날을 각각의 행성 에너지가 지배한다고 여긴다. 또한 무지개에서 일곱 개의 색을 찾고, 몸에는 일곱 개의 중요한 차크라(에너지 센터)가 있다고 믿으며, 음악에는 칠음계가 있다.

일곱 장의 타로가 세 번 반복된다. 이는 바보가 떠난 여행을 세 단계로 나누는 것이다. 우리 삶의 첫 번째 도전은 성장하고, 부모와 사회를 상대하고, 사랑하는 방법을 배우고, 성공적인 삶을 만드는 것이라 말할 수 있다. 이 첫 번째 단계는 강한 의지와 자신감에 차 있는 7번 전차 카드로 막을 내린다. 여행의 두 번째 단계에 오면 바보는 심오한 변화transformation에 부딪친다. 힘 카드의 우아함과 은둔자 카드의 신비한 빛으로 시작해, 바보에게 중요했던 모든 것이 끝나는 13번 죽음 카드를 만난 뒤, 내가 천사 같은 자아라고 표현하는 14번 절제 카드에서 진정한 자신의 모습을 만난다.

바보는 두 단계의 여정을 거치며 죽기도 하고 다시 태어나기도 하지만 아직 다른 차원으로 가는 일곱 개의 카드가 남아 있다. 세 번째 단계에서 바보는 신화적인 영웅이 된다. 마지막 카드들은 매우 복잡해 보이지만 실은 간단한 이야기로, 나는 이것을 '해방의 빛Liberation of Light'이라고 표현한다. 15번 악마 카드의 어둠은 16번 탑 카드에서 빛(번개)을 만나고, 17번 별 카드, 18번 달 카드, 19번 태양 카드에서 더 밝은 빛을 만난 후 20번 심판 카드에서 영광을 얻고 21번 세계 카드에서 완벽해 진다. 참으로 놀라운 이야기가 아닌가!

타로카드를 세 줄로 배열하면 우리는 일곱 개의 세로줄을 볼 수 있다. 1번 마법사, 8번 힘, 15번 악마 카드라든지 7번 전 차, 14번 절제, 21번 세계 카드로 이루어진 세로줄 말이다. 케 이틀린 매슈스Caitlin Matthews라는 타로티스트는 이것을 '트라이 어드triad'라고 불렀다.

위의 분류는 타로 리딩과 어떤 관련이 있을까? 사람들이 타 로 리딩에 기대하는 것은 그것이 가진 상징 때문일까? 애초에 왜 타로에 관심을 가지게 되었을까? 신비한 여정에 대한 리딩 이 흥미롭기는 하지만 이것이 '영혼의 동반자soulmate'를 찾는 데 도움이 될까? 그렇다. 위의 분류는 '영혼의 동반자'가 의미 하는 것이 무엇이며 이 생각이 어디에서 비롯되었는지 이해 하는 데 도움이 된다.

카드의 의미는 카드가 담고 있는 상징적인 진리에서 시작한다. 옛날에 타로가 가지고 있는 깊은 지혜를 탐구했던 사람들은 타로 리딩이 타로가 가진 진정한 의미와 관련이 없다고 생각하거나, 심지어 모욕적으로 받아들이기도 했다. 그 결과 타로 리딩은 구태의연한 형식을 단순히 반복하는 형태가 되어버렸고, 타로카드의 그림과는 점점 관련이 없어졌다. 이렇게 타로를 현실과 멀리 떨어뜨리는 것은 타로의 원래 의미를 사소하게 만들고, 리딩을 어렵게 만든다. 그래서 나는 카드 자체의 의미와 이야기, 영적인 호기심이 자연스럽게 자라게 두었고, 그 결과 나만의 방식으로 40여 년간 타로 리더로서 자리 잡을 수 있었다.

0. 바보 *The Fool*

키워드: 자유, 위험 요소, 젊은 영혼, 미성숙

타로카드에서 가장 유명한 인물 중 하나인 바보가 벼랑의 가장자리에 춤추는 것처럼 서 있다. 그는 벼랑 끝으로 걸음을 옮길까? 그리고 바닥으로 떨어질까? 아니면 그가 걸친 웃옷 주름이 바람을 붙잡아 그를 날아오르게 할까? 그는 머리에 쏟아지는 빛에는 신경도 쓰지 않고 서 있다. 순결의 상징이자 머리에 쏟아지는 햇빛과 같은 색인 흰색의 개는 주인과 마찬가지로 평온하고 즐겁다. 어떤 이들은 이 개가 위험을 경고하는 동물의 본능을 의미한다고 말한다. 당신도 그렇게 느끼는가?

이 카드의 본질은 그림이 아니라 숫자 0에 있다. 달걀의 모양을 닮은 0은 새로운 삶이 부화하는 '자유, 얽매이지 않음, 과거를 놓아주고 새로운 것을 시작함'을 상징한다. '아무것도 아니라는 생각'은 다른 사람들이 우리에게 붙인 딱지와 판단(우리가 스스로에게 붙이기도 한)이며 진짜 우리가 아니라는 점을 상기시킨다. 우리의 존재는 구속받지 않고, 한계가 없으며, 묵살당하지 않는다. 어떤 숫자를 0으로 나누면 대답은 항상 무한하다는 사실을 학교에서 배운 적이 있다. 한계 또는 장애가 있는 상황에서, 심지어 스스로에 대한 믿음이 부족해서 문제가 될 때조차, 바보 카드가 등장한다면 한계가 없는 무한한 가능성이 열리는 것이다.

　많은 사람들이 바보를 타로의 '영웅'으로 간주한다. 그는 변화를 거듭하며 타로카드 속의 세계를 완성할 때까지 모든 카드를 여행하는 인물이다. 21번 세계The world 카드 속 여성의 화환은 0, 즉 달걀 모양이다. 0번과 21번 카드, 타로카드의 시작과 끝인 이 카드에만 춤추는 사람이 그려져 있다. 16번 탑에서 떨어지는 사람들을 제외하면 타로카드에 그려진 사람들은 앉거나 서 있다. 에덴 그레이는 타로를 '바보 카드의 여정the Fool's Journey'이라고 불렀고, 이 말은 지금도 격언처럼 회자된다. 80여 년 전, 라이더 웨이트 카드의 창시자인 웨이트 경은 타로를 "바보가 타로 속 여행을 통해 다른 세계의 왕자가 되는 것"이라고 말했다.

　마치 옛날 나그네처럼 막대기에 꿰어 어깨에 달고 다니는 보따리를 보라. 어떤 사람들은 그 보따리에 인생 경험이, 또 어떤 사람들은 과거의 기억이 담겨 있다고 말한다. 어느 쪽이든 상관없다. 결국 아무것도 아닌 것에 불과하며 자신의 참자아를 찾는 데 방해가 되지 않게 그는 그 보따리를 가볍게 지고 있다. 그의 모자에는 주황색 깃털이 달려 있는데, 이는 열정적인 자유에 대한 상징이다. 우리는 19번 태양 카드에 그려진 아이의 머리카락에서 같은 깃털을 볼 수 있다.

우리는 모두 종종 바보처럼 군다. 어떤 상황에서는 의심이나 두려움 없이 즉흥적으로 행동한다. 다른 사람이 우리를 어떻게 생각하든 신경 쓰지 않는다. 다음에 어떤 일이 벌어질지 걱정하지 않는다. 그러나 당신은 항상 이렇게 자유롭기를 원하는가? 일과 인간관계와 가족에 대해서도? 바보 카드처럼 살고 싶은 때가 있기는 하지만 우리의 삶에는 계획과 주의가 필요하다. 리딩할 때의 상황을 따져보고, 같이 뽑은 다른 카드들을 고려하여 해석한다면 바보 카드의 제대로 된 의미를 이해하게 될 것이다.

점술적 의미

자유, 자발성, 부주의, 계획이나 생각보다 본능대로 움직임, 모든 것이 가능하다, 사랑을 하거나 새로운 아이디어를 얻을 기회가 있다.

역방향

주의, 성숙, 걱정, 움직이기 전에 계획하라, 때때로 걱정이 너무 많다, 본능에 대한 감각을 잃을 수도 있다.

• 바보 카드를 위한 스프레드 •

❶ 내가 바보 카드처럼 살았을 때는 어떠했나?

❷ ①이 나에게 도움이 되었을까?

❸ ①에서 어떤 상처를 받았을까?

❹ 내 삶의 어느 지점에서 더 바보처럼 굴어야 할까?

❺ 내 삶의 어느 지점에서 바보 카드가 도움이 되지 않을까?

❻ 바보 카드가 내게 준 선물은 무엇일까?

THE MAGICIAN.

1. 마법사 *The Magician*

키워드: 창조성, 마법, (약의) 유효 성분

마법사는 열정을 나타내는 빨간 장미와 순수를 나타내는 흰 백합에 둘러싸인, 생명의 나무 그늘에 서 있다. 장미와 백합과 같은 색인 예복은 순수한 의도와 이기심 없는 힘을 숨기려는 욕망을 상징한다. 오른손에 쥔 수정 같은 마법의 막대wand는 마치 신의 에너지를 끌어내듯 하늘을 향하고 있다. 그러나 그 힘은 자신을 위한 것이 아니라 그가 가리키고 있는 바닥의 꽃들을 위한 것이다. 그는 창조의 하인이다. 에너지는 그를 통해 움직이고 그는 그것을 지휘하지만 통제하거나 매달리려고 하지는 않는다.

위대한 마법사만이 에너지를 지휘하는 것은 아니다. 예술가, 과학자, 교사, 운동선수 또한 그 에너지를 느끼고 있다. 화가나 작가에게 물어보면 이런 경험을 말할 것이다. "작업이 잘 될 때는 내가 하고 있는 게 아니라 뭔가 내 안에 들어와서 일하고 있는 것 같은 기분이야. 나는 그냥 비켜줘야 할 것 같았어."

그렇게 '비켜서는 경험'을 하기 위해서는 우선 일에 통달해야 하며 집중해야 한다. 마법사 카드는 어떤 일이든 높은 수준을 달성하는 것을 상징한다. 그의 앞에 놓인 테이블에는 마이너 아르카나의 네 가지 상징이 놓여 있다. 꽃이 달린 막대, 컵, 칼, 그리고 동전. 이것은 그가 삶의 네 가지 원소에 집중하며 지휘하는 법을 배웠다는 것을 의미한다. 불, 물, 공기, 그리고 흙. 이 모든 원소들은 강하고 헌신적인 의지를 가진 가이드와 함께 작동될 것이다.

카드의 숫자 1처럼, 마법사 카드는 하나의 목적, 알아차림, 행동을 상징한다. 고위 여사제 카드가 직관적인 어둠을 상징하는 반면, 마법사 카드는 의식적인 빛을 상징한다. 또한 고위 여사제 카드가 순수한 여성성을 상징한다면 마법사 카드는 순수한 남성성을 상징한다. 그러나 마법사 카드가 오직 남성만을 상징하거나 고위 여사제 카드가 여성만을 상징한다는 뜻은 아니다. 우리는 살아가면서 각자 다른 상황에서 이 카드가 상징하는 것을 경험할 것이다. 타로 리딩은 우리 삶의 변화하는 에너지를 보도록 도와주며 이것이 타로 리딩의 의미다.

로마숫자 1을 I로 쓰는 것처럼 마법사는 에고를 의미하기도 한다. 그러나 그 에고에는 허영심이 없다. 대신 더 높은 목적을 가졌다. 그의 머리 위에 보이는 무한대의 사인은, 타로에서는 전통적으로 '쌍엽곡선'이라고 부른다. 이 곡선은 11번 힘 카드와 동전 2 카드에서도 볼 수 있다. 그의 허리에는 고대에서 영원을 상징했던, 꼬리를 입에 문 뱀이 둘러져 있다. 무한이나 영원은 '긴 시간'이나 '끝이 없음'이 아니다. 오히려 우리가 경험한 어떤 특별한 순간을 의미한다. 이는 타로 리딩 중 카드의 진실을 스스로 느낄 때 더 분명하게 드러날 것이다.

한 팔을 위로 들고 한 팔을 아래로 내린 자세는 "하늘에서 와 같이 땅에서도 그러하다"라는 위대한 비전秘傳의 원리를 상징한다. 8을 옆으로 눕힌 것 같은 머리 위의 쌍엽곡선은 "안 과 같이 바깥도 그러하다"는 사실도 떠오르게 한다. 두서없고, 끊어져 있고, 별 의미 없는 것처럼 보이는 우리의 일상은 서로 연결되어 위대하게 흘러가면서 삶의 패턴을 만든다. 쌍엽곡 선은 고등학교 때 배운 물리법칙을 연상시키기도 한다. 에너 지는 창조되거나 파괴될 수 없다. 결국 우리 삶에서 일어났던 사건들은 우리 내면의 진실을 나타내는 것이다.

삶의 원칙들을 경험할 수 있는 최고의 방법을 알고 싶은가? 타로카드를 리딩해보라.

점술적 의미

자각, 빛, 창조성, 탈바꿈, 긍정적인 의미로서의 남성적 에너지, 우리가 이해할 수 있는, 현재 우리 삶에서 일어나고 있는 마법, 1이 의미하는 것 처럼 한 개인의 어떤 프로젝트나 시기의 긍정적인 시작, 더 큰 목적을 이 루기 위해 의지를 세움, 이제 옳은 판단을 내리고 행동을 할 때.

약해진 느낌이나 힘의 오용이 느껴지는 막힌 에너지, 당신 삶에 무엇이 진짜인지 자신을 재정비할 필요가 있다, 당신이 해야 할 일이나 결정해야 할 것이 있을지 모른다, 당신 자신에게 물어보라. "내가 나를 너무 의심하나? 고귀한 목적을 위해 봉사하려면 어떻게 해야 할까?"

• 마법사 카드를 위한 스프레드 •

❶ 나에게 마법의 의미는 무엇일까?

❷ 내 삶에서는 어떤 마법이 일어나고 있나?

❸ 어디서 ②번을 찾을 수 있을까?

❹ 어떻게 ②번을 찾을 수 있을까?

❺ 어떻게 ②번을 사용할까?

2. 고위 여사제 *The High Priestess*

키워드: 지혜, 직관, 고요함

그녀는 빛과 어둠의 두 기둥 사이에 앉아 무릎에 두루마리를 올려놓고 비밀을 숨기고 있다. 마법사 카드가 소통한다면, 고위 여사제 카드는 침묵한다. 마법사 카드가 에너지를 받아 행동하고 창조한다면, 고위 여사제 카드는 이미 지혜를 내포하고 있다. 율법과 가르침을 주는 교황 카드나 여황제 카드와 달리, 고위 여사제 카드는 제자도 없이 홀로 앉아 있다. 그녀의 두루마리에는 '토라Tora'라고 적혀 있지만, 매주 토요일 유대회당에서 읽는 그 토라와 달리 그녀의 율법은 단어와 해석에 의해 달라지지 않고 전시되지 않은 상태 그대로 남아 있다. 그렇기 때문에 그녀가 아는 진실은 단어로 해석될 수 없다. 너무 깊어서 다른 사람에게 말하려고 하면 의미가 사라져 버릴 정도의, 언어 너머의 그 무엇을 이해해본 적이 있는가? 이런 경험을 담고 있는 것이 바로 고위 여사제 카드다.

원래 여교황이라고 불렸던 그녀는, 남성 사제 속에서 여성의 영적 힘을 통해 힘의 균형을 보여주려 한다. 이런 힘의 균형도 중요하지만, 더욱 중요한 것은 그녀가 신비의 화신 그 자체라는 것이다. 기둥에 써 있는 B와 J는 '보아즈Boaz'와 '야힌Jachin'을 나타내는데, 고대 예루살렘에 있던 솔로몬의 신전 입구에 세워진 기둥이다. 중국 음양의 심벌처럼 어두운 기둥은 밝은 글자와 빛을 포함하고 있으며 밝은 기둥은 검은색 글자를 담고 있다. 우리는 완벽한 고요의 순간을 만나면, 언어 너머에 존재하는 분명함을 통해 모든 상황은 빛과 어둠처럼 반대의 씨앗을 품고 있다는 것을 알게 되는데, 그를 표현한 것이다.

그녀는 이시스_{Isis}처럼 로브를 입고 있는데 이시스는 수천 개의 이름을 가진 고대의 여신이다. 그녀의 발은 초승달 위에서 쉬고 있으며, 왕관 양쪽의 뿔은 상현달과 하현달을, 왕관 중앙의 원은 보름달을 상징한다.

뒤에 있는 장막 속 원형의 빛에 석류가 맺혀 있다. 이 관능적인 과일은 생명의 원천인 즙과 수많은 씨앗으로 이루어져 있고, 여성호르몬인 에스트로겐을 생산한다는 속성 때문에 산 자와 죽은 자의 세계를 오간 페르세포네_{Persephone} 여신을 연상시킨다. 3번 여황제 카드와 17번 별 카드에서도 페르세포네 여신 이야기가 등장한다. 석류는 카발라, 유대교와 후기 기독교, 이교도적 전통과도 관련이 있는 과일로 타로카드와 밀접한 관계가 있다. 카발리스트는 영적인 천국을 '파르데스 리모님_{Pardes Rimonim}'이라고 표현하는데 이는 '석류 과수원'이라는 뜻이다. 그림 속 석류의 패턴은 생명의 나무를 암시하며 전체적 패턴은 동전 10 카드에 그려져 있다.

많은 상징이 담긴 이 카드를 이해하기 위해서 이처럼 방대한 지식을 쌓아야만 할까? 기둥과 장막 사이의 틈을 주의 깊게 보면, 고위 여사제 뒤에 물이 흐르고 있다. 잔잔한 물은 평화와 깊이를 이미지로 표현한 것이다. 고위 여사제는 지혜의 사제이지, 정보의 사제가 아니다. 타로는 우리를 복잡한 상징의 세계로 초대하지만, 그것을 공부하거나 암기하는 것을 강요하지는 않는다.

점술적 의미

활동보다는 침묵과 고요함을 찾을 것, 직관을 믿고 진정한 자신이 될 것, 말로 설명할 필요 없는 신비와 진실을 느낄 것, 때로는 다른 이들에게 방향을 제시하는 것보다 그들이 알아서 길을 찾게 놔두는 리더십이 도움이 된다.

역방향

바깥에서 활동을 하거나 다른 사람들과 어울릴 필요가 있다, 커뮤니케이션할 것, 생각과 지식을 나눌 것, 열정을 표현하거나 어떤 것에 전념할 필요가 있다, 어떤 상황에서는 다른 사람들에게 압박을 받고 있음을 나타내기도 한다.

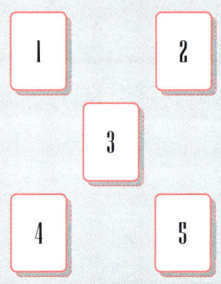

❶ 내 마음속 깊은 곳에는 무엇이 있을까?

❷ 내가 ①을 어떻게 알 수 있을까?

❸ 내가 ①에 어떻게 진실할 수 있을까?

❹ 나는 다른 사람에게 무엇을 줄 필요가 있을까?

❺ 내 마음속에 간직해야 할 것은 무엇일까?

THE EMPRESS.

3. 여황제 *The Empress*

키워드: 열정, 사랑, 어머니(인 상태), 풍요

0번 바보부터 4번 황제 카드까지 다섯 개의 메이저 아르카나 카드는 각각 짝을 이룬다. 마법사와 고위 여사제는 빛과 어둠, 행동과 고요함, 남성과 여성이라는 기본적 상징이다. 교황 카드와 고위 여사제 카드 역시 성직자로 짝을 이룬다. 여황제 카드와 황제 카드도 짝을 이루지만 황제 카드와 마법사 카드도 각각 역동적인 남성적 에너지를 상징한다는 의미에서 짝을 이룬다. 또한 황제 카드와 교황 카드는 지배하고 가르친다는 의미에서 짝을 이룬다. 황금새벽회에서는 여황제 카드를 비너스Venus 여신으로 해석하는데 이는 그리스 신화에서의 아프로디테Aphrodite 여신이며, 황제 카드는 머큐리Mercury 신으로 해석하는데 그리스 신화에서는 헤르메스Hermes라고 불린다. 헤르메스와 아프로디테를 합친 단어인 '허머프로다이트hermaphrodite'는 자웅동체를 의미하며, 남성과 여성의 완벽한 조합을 뜻한다.

다른 짝인 고위 여사제과 여황제는 여성의 두 양상을 보여준다. 자신을 억누르는 사제 같은 면과 외향적이고 열정적인 여황제 같은 면을 상징한다. 6번 연인 카드가 우아한 커플인 것과는 달리 여황제 카드는 파트너가 없다. 그녀를 사랑의 여신으로 해석하지만 그녀의 에너지는 자신의 삶에 쓰이는 에너지일 뿐, 그녀의 애정 관계와는 무관하다. 그 열정은 폭포처럼 넘쳐나서 그녀의 왕좌 아래에 개울처럼 흐른다.

열두 개의 별이 달린 왕관은 열두 개의 별자리를 의미하며, 그녀가 천국의 여왕임을 나타낸다. 고위 여사제 카드를 예수를 잉태할 마리아라고 본다면, 여황제 카드는 어머니가 된 성모 마리아라고 볼 수 있다. 그러므로 리딩 중에 이 카드가 나오면 어머니인 사람과 관련된 것이거나 임신한 상태의 여성을 의미할 수 있다. 잘 살펴보고 판단하라.

별 왕관이 천국의 여왕임을 나타내는 것처럼, 그녀는 두 여신의 상징도 담고 있다. 하트 모양의 방패에 그려진 여성을 가리키는 심벌은 원래 미의 여신 비너스(아프로디테)의 상징으로 열정의 지배자, 멈추지 않는 사랑을 의미한다. 여황제 주위에서 자라는 밀은 그녀가 식물과 농업, 그리고 헌신적인 어머니인 대지의 여신 데메테르Demeter임을 보여준다. 죽음의 지배자인 하데스Hades는 데메테르의 딸인 페르세포네를 신부로 삼기 위해 그녀를 지하 세계로 납치했다. 페르세포네는 2번 고위 여사제 카드와 17번 별 카드에도 등장한다.

데메테르가 딸을 잃어버리고 울부짖을 때, 신은 그녀의 기도를 들어주지 않았다. 하데스가 부와 숭배자를 가진 완벽한 남편이라나. 그래서 데메테르는 신들의 왕인 제우스Zeus가 하데스에게 페르세포네를 돌려보내라고 명령하기 전까지 식물의 성장을 멈추어버렸다. 이 위대한 이야기의 교훈은? 절대 어머니를 과소평가하지 마라!

아프로디테와 데메테르는 열정적인 여성성의 양면을 보여준다. 그러나 여황제 카드는 여성만을 위한 카드가 아니다. 남성이 이 카드를 뽑았다면, 어머니나 애인 또는 부인을 의미할 수도 있지만 그가 자신의 열정이나 헌신을 표현해야 하는 상황일 수도 있다.

전술적 의미

열정, 감정, 인생의 사랑, 자연에 대한 사랑, 만족, 기쁨, 관능, 타로 리딩을 받는 사람의 어머니를 가리키거나 리딩을 받는 사람이 어머니인 것을 가리킴, 다른 카드와 함께 해석했을 때 임신을 의미하기도 함.

역방향

심사숙고, 주의, 감각보다는 지성, 지배하려고 드는 어머니 혹은 가혹한 어머니와 문제가 있을 수 있다, 임신하는 데 어려움을 겪을 가능성.

❶ 내 열정은 무엇인가?

❷ 내가 ①을 어떻게 표현했나?

❸ 내가 ①을 충만하게 표현하려면 어떻게 해야 할까?

❹ 무엇이 나를 가로막을까?

❺ 무엇이 나를 자유롭게 할까?

❻ 무엇이 나를 보살펴줄까?

❼ 무엇이 나에게 보살핌을 요구하는가?

❽ ⑦의 보살핌은 나에게 무엇을 줄까?

❾ 나의 열정과 보살핌은 어떻게 함께할 수 있을까?

4. 황제 | *The Emperor*

키워드: 규칙, 구조, 아버지(인 상태), 사회

황제 카드 앞에 여황제 카드가 있다는 건 '남성'은 '여성의 배우자'라는 고대의 관점을 반영하는 것이다. 아버지는 어머니가 아이를 키울 수 있게 씨앗을 주는 존재이며, 우리 대부분이 그렇듯 어머니보다 친밀하지 않은 대상이다. 사회(아버지)가 구성되기에 앞서 자연(어머니)이 존재한다고도 해석할 수 있다. 여황제 카드가 사랑을 주는, 모든 걸 품어주는 어머니의 이미지라면 황제 카드는 강한, 때로는 가혹한 아버지의 역할을 맡는다. 그녀가 무한한 자연을 상징한다면 그는 우리 사회의 원칙과 구조인 정부, 법률, 권력, 문명을 상징한다.

날카롭고 메마른 산을 배경으로 갑옷을 입은 채 사막 위 왕좌에 앉아 있는 황제는 엄격하고 냉정해 보인다. 여황제 카드의 폭포에서 넘쳐흐르던 물은 돌을 뚫고 겨우 흐르는 좁은 냇물이 되었다. 사실 많은 사람이 악마 카드를 싫어하는 것만큼 이 카드를 싫어한다. 그러나 사회의 구조 없이 우리가 살 수 있을까? 많은 사람들이 자연 속에서 시간을 보내는 것을 좋아하지만 우리가 직접 집을 짓고 사냥을 하고 음식을 채집해야만 한다면 자연을 좋아하지 않게 될 것이다.

황제는 아버지로서 책임이 있는 누군가의 아버지나 아버지의 역할을 하는 사람을 의미한다. 어떤 여성이 자기 조직을 만들거나 중요한 것을 지켜내기 위해 강경한 태도를 보일 때, 황제 카드는 그 여성을 의미할 수도 있다. 라이더 웨이트 카드를 그린 스미스 여사는 이 카드를 무섭고 차갑게 그렸다. 갑옷은 사랑의 포옹을 막는다! 마치 아버지가 화가 나서 어린아이를 바라볼 때처럼 이 카드에는 차가운 공포가 서려 있다. 우리가 이 카드를 보는 관점에는 이렇듯 어린아이의 시선이 존재한다. 그러나 규칙을 세우기 위해 강해져야 할 때나 문제를 해결하려고 할 때는 우리에게 힘을 실어줄 것이다.

타로 수비학에서는 번호가 없는 바보 카드를 스물두 번째 카드로 보기도 한다. 2 더하기 2는 4로, 4는 황제 카드. 이 두 개의 카드는 반대의 의미로 연결된다. 춤추고 싶어 하는 조심성 없는 어린아이와 원칙과 책임에 헌신하는 황제. 0번無이기도 한 바보 카드는 그 자신조차 제한하지 않는다. 반면 4번인 황제는 집을 이루는 네 개의 단단한 기둥과도 같다. 그러나 우리는 황제가 되기보다는 외부에서 황제를 바라보기만 한다. 스스로 황제가 되어 황제의 힘과 능력을 경험해보는 것은 어떨까?

점술적 의미

사회, 권위, 책임, 규칙, 정부, 상사이거나 힘을 가지고 있는 누군가, 타로 리딩을 받는 사람의 아버지, 또는 타로 리딩을 받는 사람이 아버지인 것을 가리킴, 타로 리딩을 받는 사람이 아버지가 될 예정, 삶을 책임지거나 삶에서 중요한 것을 지키는 것.

역방향

미성숙, 책임에서 자유로워짐, 부드러움, 사랑을 주는 부모, 역방향의 왕 카드들과 함께 나올 때는 대안적이거나 권위의 남용.

·황제 카드를 위한 스프레드·

❶ 어떻게 내 삶을 황제 카드처럼 만들 수 있을까?

❷ 어떻게 내 삶을 황제 카드가 아닌 것처럼 만들 수 있을까?

❸ 내가 책임을 져야 할 것은 무엇일까?

❹ 나는 어떤 것에 약할까?

❺ 나는 어떤 것에 강할까?

❻ 의식적으로든 무의식적으로든 어떤 규칙이 내 삶을 지배

할까?

5. 교황 *The Hierophant*

키워드: 전통, 종교에 순응하는 것, 영적 축복

이 카드에는 왕관을 쓴 채 왕좌에 앉은 교황과 무릎을 꿇은 두 명의 승려가 그려져 있다. 모던 카드에서는 이 카드를 '신비의식의 사제Hierophant'라 부르는데 비밀스러운 교육과 영적인 계시를 전파하기 위해 헌신했던 고대 신비학교에서 유래한 말이다. 신비의식의 사제는 신성한 사물과 그것에 숨겨진 의미를 보여주고 밝혀내는 사람을 의미한다. 교황 카드 속 사제는 단순히 권위에 복종하는 것이 아니라 서로 축복하며 지혜를 나누고 있는 것이다.

1번 마법사 카드와 15번 악마 카드처럼(악마 카드의 숫자는 15로 마법사 카드의 1과 교황 카드의 5로 이루어져 있다) 5번 교황 카드 역시 오른손을 들고 있다. 마법사가 막대를 든 것처럼 교황도 비슷한 자세를 취하고 있다. 두 손가락은 위로, 두 손가락은 아래로 향해 있다. 이것은 실제로 사제가 축복하는 동작이다. 또한 "하늘에서와 같이 땅에서도 그러하다"라는 위대한 문장을 뜻하기도 한다. 우리의 보잘것없는 삶이 거대한 바퀴의 일부이며 각자의 삶이 의미를 가진다는 뜻이기도 하다. 교황은 천상의 세계와 지상의 세계를 연결하는 다리다. 교황의 어원은 '다리'라는 단어에서 왔다.

모든 종교의 교회와 사제는 축복을 전하고, 규칙과 도덕은 물론 어떻게 행동하고 어떻게 생각해야 하는지도 가르친다. 그들은 우리가 종교에 복종하기를 기대하므로 먼저 승려가 교황의 권위에 복종하는 모습을 보여준다. 많은 사람들이 이 카드를 싫어하는데, 특히 복종하지 않으면 지옥에 간다는 식의 엄격하고 종교적인 사고방식에 저항하는 사람들은 이 카드에 더 부정적이다. 바로 앞의 황제 카드처럼 교황은 '따르라'고 강요하는 권위나 길을 상징한다. 세상을 보기 위해 길을 떠나는 바보 카드와는 다르게 가족 사업에서 일을 해야 한다거나, 중매로 결혼을 한다거나, 아이를 가진다거나 하는 등, 반항했든 그 길을 따랐든 간에 우리는 비슷한 경험이 있다.

성직자가 결혼식을 성립시키기 때문에 이 카드는 결혼을 상징하기도 한다. 3번 여황제, 6번 연인 또는 막대 4가 없어도 교황 카드는 사랑이 아닌 결혼 그 자체와 관련된 법률이나 규칙을 의미할 수 있다. 새로운 관계를 기대하는 어떤 사람을 리딩할 때 이 카드가 나온다면, 특히 막대 7과 함께 나온다면, 그 사람은 결혼한 사람이라는 힌트일 수 있다.

교황 카드는 타로카드를 세 그룹으로 나누었을 때, 하나의 인물이 두 사람 위에 있는 구도를 가진 첫 번째 카드이다. 교황 카드에는 교황 아래에 사제 두 명이 그려져 있다. 그다음 연인 카드에서는 천사가 아래에 그려진 남성과 여성을 축복하고 있으며, 전차 카드에서 마차를 모는 이는 두 개의 스펑크스 위에 있다. 상인이 두 명의 걸인에게 동전을 나눠주는 동전 6 카드처럼 마이너 아르카나에서도 이러한 구도를 볼 수 있다. 이 카드들은 삶의 다양한 면과 인물상을 보여준다. 이 카드는 전통적이고 영적인 가르침을 상징할 뿐만 아니라, 그에 따라 종교에 순응하고 다른 사람의 기대에도 부응해야 한다는 것을 의미한다.

정술적 의미

영적인 가르침과 율법, 보통의 교육, 순응, 사회적인 역할이나 가족이 기대하는 것을 따라 그 길을 간다, 축복, 결혼의 가능성.

역방향

불순응, 저항, 자신만의 길을 만드는 것, 독창적이지만 속기 쉽다, 사이비 종교일 가능성.

❶ 전통은 내 삶에 어떤 영향을 미쳤을까?

❷ ①로 인해 내가 배운 것은 무엇일까?

❸ 내가 깨뜨린 전통은 무엇일까?

❹ 내가 다른 사람에게 가르칠 수 있는 것은 무엇일까?

❺ 어떻게 해야 ④의 역할을 잘 수행할 수 있을까?

6. 연인 *The Lovers*

키워드: 관계, 사랑, 선택의 기로

전통적인 타로카드와 비교했을 때 가장 드라마틱하게 변화한 카드가 바로 연인 카드다. 더불어 13번 죽음 카드와 0번 바보 카드도 많은 변화가 있었다. 이전의 연인 카드는 단순히 사랑을 의미하여, 젊은 남자가 두 여자 중 한 사람을 택해야 하는 것처럼 표현되었다. 이 묘사는 선과 악 사이에서 선을 고르라고 우화적으로 해석할 수도 있다. 젊은 남자의 머리 위에서는 큐피드Cupid(고전 카드에서는 천사가 아닌 '큐피드'로 묘사되어 있다)가 활을 쏘려 하는데, 이것은 우리가 이성이 아닌 욕망과 느낌, 호르몬 같은 것을 바탕으로 선택한다는 사실을 보여주는 듯하다.

타로카드의 연속성을 보면, 연인 카드의 바로 다음 카드인 전차 카드까지는 미성년을 상징한다. 삶을 관통하며 여행하는 바보는, 위대한 남성성과 여성성을 상징하는 마법사와 고위 여사제를 만나고, 어머니와 아버지인 여황제와 황제에게 자라나, 교황에게 문화적 전통을 배운다. 타로의 여정에서 사춘기에 위치한 이 카드들은 모두 외부의 존재들을 상징한다. 사춘기 때 우리는 부모와 교사에게서 처음으로 분리되며 자신만의 선택과 경험을 가지게 된다. 감정적·지적·도덕적으로 새로운 경험을 하며 때로는 부모나 교사와 다른 가치를 선택한다. 그러나 로맨틱하거나 성적으로 끌리는 상황에서는 호르몬이나 성격에 따라 결정한다.

라이더 웨이트 카드에서는 사춘기의 선택 대신 비범한 커플의 깊은 사랑을 볼 수 있다. 바로 아담과 이브다. 그들은 생명의 나무, 그리고 지혜의 나무 옆에 서 있다. 그리고 이 카드는 알고 있는 성경 이야기와는 중요한 차이가 있다. 라이더 웨이트 카드 속 아담과 이브는 죄가 있거나 타락하지 않은 이상적인 커플의 모습이다. 우리가 아는 아담과 이브는 신에게 추방당했고 신은 문 앞에 불타는 칼을 든 천사를 세워 이들이 에덴으로 돌아오지 못하게 막았다. 반면 라이더 웨이트 카드에서는 대천사 라파엘이 와서 그들을 축복한다. 라파엘은 '신의 치유 능력'이라는 뜻이므로 이 카드의 메시지는 '사랑은 치유한다'는 것이 된다.

아담과 이브는 타락 없이 존재하며 영혼의 결합이기에 이상적인 커플을 상징한다. 우리는 카드 속의 세 인물을 자아의 모델로도 볼 수 있다. 남성은 이성적인 마음을, 여성은 감정적인 마음을 상징한다. 아담은 이브를 바라보고 있는데, 이브는 아담이 아니라 초월한 자아인 천사를 바라보고 있으며, 천사는 팔을 뻗어 이 둘을 축복하고 있다. 이는 이성적인 마음은 감정적인 마음을 거치지 않으면 더 높은 차원에 닿지 못한다는 것을 의미한다.

메이저 아르카나의 첫 번째 여섯 개 카드로 할 수 있는 게임이 있다. 1과 2, 즉 가장 기본적인 원형인 마법사와 여사제를 더하면 자연(본능)을 의미하는 3번 여황제 카드가 나온다. 그리고 1과 2와 3을 더하면 남자와 여자가 묘사된 6번 연인 카드가 나온다. 여기에 황제 카드의 '법칙'을 더하면 $1+2+3+4=10$이 되어 운명의 수레바퀴인 10번 카드가 되는데, 이 카드는 운명의 법칙이자 카르마를 의미한다. 여기에 교황의 '통치'인 5를 더하면, 15번 악마 카드가 된다. 성직자처럼 악마에 관해 많이 얘기하는 사람도 없지 않은가. 여기에 6번 연인 카드를 더하면 $1+2+3+4+5+6=21$, 마지막 카드인 21번 세계 카드가 되는데 이것은 영적 달성을 상징한다. 즉, 사랑은 궁극의 구원이다.

점술적 의미

사랑, 깊은 관계, 선택, 욕망, 업무나 창조적인 일에서의 좋은 파트너십, 감성과 이성이 서로 조화를 이룬다.

특히 9번 은둔자 카드나 2번 교황 카드와 함께 나왔을 때는 관계를 맺을 시기가 아니다, 결혼이나 관계에 어려움을 겪을 수 있다, 감정과 생각, 가치를 두고 갈등이 있을 수 있다.

❶ 살면서 어떤 사랑을 경험했는가?

❷ ①번에서 무엇을 얻었는가?

❸ 내가 욕망하는 것은 무엇일까?

❹ 나를 붙잡는 것은 무엇일까?

❺ 사랑이 내게 요구하는 것은 무엇일까?

❻ 사랑이 나에게 줄 수 있는 것은 무엇일까?

7. 전차 *The Chariot*

키워드: 의지, 성공, 힘

전차 카드는 메이저 아르카나 카드를 일곱 장씩 나누었을 때 승리를 의미하는 첫 번째 카드다. 두 번째 카드는 14번 절제, 세 번째 카드는 21번 세계 카드다. 여기서 승리란 외부에서 오는 도전을 극복하고 성공하는 것이다. 바보 카드는 성장하여 도시로 가서 스핑크스 두 마리의 힘을 가진 그의 첫 번째 전차를 얻었을 것이다. 현대의 영웅인 스포츠 챔피언, 우주 비행사, 그리고 국가 지도자 들이 환호를 받으며 지붕 없는 리무진을 타고 다니는 것처럼 고대의 왕과 영웅은 전차를 타고 도시를 누볐으리라는 것을 이 카드를 통해 상상할 수 있다.

바보 카드가 여섯 장의 카드를 거쳐 이 카드에 다다른 것처럼, 7번 전차 카드에는 앞선 여섯 가지 카드들의 상징이 모두 담겨 있다. 카드 속 인물은 마법사처럼 긴 막대(단지 막대 길이가 좀 더 길 뿐이다)를 지니고 있고, 어깨 위의 초승달은 고위 여사제를 연상시킨다. 초승달은 비극과 희극을 동시에 나타내기 위해 한쪽은 미소를 짓는 표정이고 한쪽은 찡그린 표정이다. 마치 무대 가면처럼. 한 카드에 드러나는 다양한 상징은 삶의 다양성을 나타낸다. 별 달린 왕관과 별이 빛나는 캐노피는 3번 여황제 카드의 별자리 왕관을 연상시키며, 수레를 이루는 사각과 그 뒤의 도시는 4번 황제 카드의 법과 사회구조를 암시한다. 흑백의 스핑크스는 5번 교황 카드 속 승려 두 명과 2번 여사제 카드 속 기둥 두 개를 떠오르게 한다. 가장 미묘하게 표현된 연인 카드는 전차 앞에 너트와 볼트처럼 그려진 이미지에서 발견할 수 있다. 이것은 '링감'과 '요니'라고 불리는 인도의 상징으로, 힌두교의 신 시바Siva를 상징하는 링감(막대)이 여신 샥티Shakti의 요니(여성의 자궁)를 관통하고 있는 모습을 나타낸다.

7번 전차 카드는 두 인물 위에 한 인물이 위치한 형태다. 교황이 두 승려 위에 위치한 5번 교황 카드, 두 연인을 축복하는 천사가 그려진 6번 연인 카드처럼 전차를 끄는 사람은 웅크린 스핑크스 위에 굳건히 서 있는데, 스핑크스의 흑과 백은 대비와 모순으로 이루어진 인생을 상징하는 색상이다. 고삐는 보이지 않는다. 전차를 모는 사람은 스핑크스를 이끌기 위해 집중한다. 그의 힘과 성공은 외부에서 부르는 칭호나 사회적 승인에서 오는 것이 아니라 자신만의 에너지를 다루는 능력에서 오는 것이고, 그는 자신이 생각한 대로 인생을 만들어간다. 그럼에도 그는 삶의 모순을 해결할 수 없다. 그는 혼자서 두 마리의 스핑크스를 잘 이끌 수 있을까?

전차의 사각과 회색의 본체는 물질세계를 상징한다. 전차를 끄는 이는 성공했을까? 바보 카드의 자유로움은 이 성공의 순간에 필요하다. 성공 스토리에서 벗어나 우리를 인생의 다음 여정으로 향하게 만들기 위함이다. 가슴 위 하얀 사각형은 물질을 상징한다. 타로카드를 세 그룹으로 나누었을 때 7번 전차 카드 바로 아래 위치하는 14번 절제 카드에는 사각형 속 삼각형이 그려져 있는데 이는 신체 안에 깃든 영혼을 나타내며, 21번 세계 카드에는 7번 카드가 상징하는 '승리'의 월계관 안에서 춤추는 여성이 그려져 있다.

점술적 의미

세상에서의 성공, 강한 의지, 성취, 다른 사람의 존경을 받음, 겉으로는 차분하지만 감정을 안으로 숨기려는 경향, 문자 그대로 전차, 교통수단, 여행 가는 것, 새로운 차를 의미할 수 있다.

역방향

약한 의지, 연기 혹은 지연, 모순을 통합하기 힘듦, 때로는 당신의 진짜 감정을 보여줘야 함, 무언가를 두고 떠날 자유가 허락됨, 여행이 취소되거나 차에 문제가 생김.

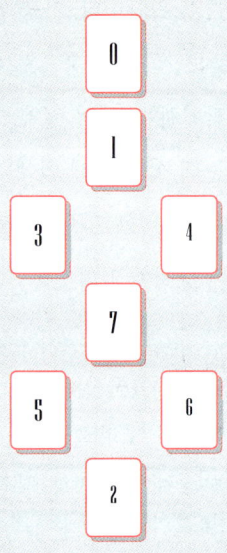

이 스프레드는 메이저 아르카나의 0번부터 7번 카드를 기초로 만들어졌다. 카드가 해당 자리에 나오면, 그러니까 황제 카드가 4번 자리에 나오거나, 전차 카드가 7번 자리에 나오면 그 카드는 더욱 강조된다.

❶ 바보. 이번 생에 내가 뛰어들어야 할 것은 무엇일까?

① 마법사. 내 마법 같은 에너지는 어디에 있을까?

② 고위 여사제. 말하지 않은, 혹은 숨겨진 비밀은 무엇일까?

③ 여황제. 내 열정은 무엇일까?

④ 황제. 내가 따라야 하는 규칙은 무엇일까? 무의식적인 것일
수도 있다.

⑤ 교황. 내 앞에 놓인 길은 무엇일까?

⑥ 연인. 내 열정을 어떻게 표현해야 할까?

⑦ 전차. 내 삶은 어디를 향해 가고 있는가?

8. 힘 *Strength*

키워드: 개인의 힘, 부정적인 것을 바꿈, 감정의 개방성

힘 카드가 나오면, 카드 리딩을 받는 사람(혹은 우리 자신) 에게 이렇게 물어보자. "'강하다'는 것의 의미란 무엇일 까?" 이 질문이 힘 카드의 가장 기본적인 의미다. 힘 카드는 힘 을 가져야 하고, 힘이 필요하다고 말한다. 또한 네 가지 미덕 중 하나인 용기를 의미하기도 한다. 이 용기의 미덕은 아주 다 양하게 해석될 수 있다.

　많은 이들에게 용기는 스스로를 믿는 것을 의미한다. 또 누 군가에게는 옳은 일을 하거나 어려운 상황에서도 앞으로 나 아가게 해주는 것일 수 있다. 중세에서는 용기를 본능적인 욕 망이나 열정을 극복하는 것으로 보았다. 초기에 힘 카드의 이 미지는 헤라클레스Hercules의 열두 개 업보 중 첫 번째인 네메 아의 사자를 죽이는 것으로 표현되었다. 옛날에는 욕망을 때 려서 복종시킬 수 있는 것으로 여겼기 때문이다. 슬프게도 그 런 이유로 사람들은 아이들을 때려왔다.

　미덕이 때로는 여성으로 표현되었던 것처럼 이 카드도 한 여성이 사자를 진압하는 모습으로 그려졌는데, 좀 더 온화하 며 공격적이라기보다는 자신감 있게 바뀌었다. 힘 카드는 양 성적인 모습으로 유명하지만, 사실 힘 카드 속 여성은 가장 여 성적이며 심지어 3번 여황제 카드보다 많은 여성성을 보여준다. 그녀는 사자를 쓰다듬듯, 그녀의 손길로 길들이고 있어서 사자가 마치 강아지처럼 보일 지경이다. 이와 대조적으로 7번 전차 카드는 삶의 도전을 남성성의 힘으로 극복하는 것을 보여준다. 이 두 카드를 보면 여성성의 힘은 진압하기보다는 길들인다는 것을 알 수 있다.

메이저 아르카나에는 사람과 동물의 관계를 보여주는 카드가 세 장 있다. 개와 함께 있는 0번 바보 카드, 사자와 함께 있는 8번 힘 카드, 그리고 말을 탄 어린아이가 있는 19번 태양 카드다. 각각의 카드에서 동물적 본능은 인간의 의식에 동반자가 되어주는데 그중 가장 가까워 보이는 것이 바로 8번 힘 카드다.

7번 전차 카드와 8번 힘 카드가 연결되는 지점은, 다음 단계로 가기 위해서 모든 것을 뒤로하고 떠나는 바보 카드의 의지력이 가장 필요한 곳이라는 점이다. 성공과 성취를 포기한 채, 죽음과 변화를 가져올 내면으로의 여행을 떠나는 것보다 더 어리석은 것이 있을까?

그녀는 빨간 장미로 된 벨트를 두르고 있는데 장미는 왕관까지 이어져 있다. 장미는 사자처럼 욕망을 상징하고, 인간으로서의 의식을 의미한다. 그녀의 하얀 드레스는 순수한 의도를 의미하며 그녀는 욕망에 흔들리지 않는다는 것을 보여준다. 3번 여황제 카드에서 '천국의 여왕'을 의미하는 별 달린 왕관이나 2번 고위 여사제 카드의 달이 달린 머리 장식과 달리 8번 힘 카드의 나뭇잎과 꽃으로 이루어진 단순한 왕관은 힘이란 지구와 자연을 근간으로 한다는 사실을 의미한다. 우리는 이 카드에서 자연을 정복하지 않고 길들이는 환경운동가의 상징을 볼 수도 있다. 자연적인 배경에도 불구하고(다른 메이저 아르카나에는 자연이 이렇게 많이 나오지 않는다) 노란 하늘은 자연으로서의 하늘이 아니라 자기 인식에 몰두함을 의미하는데, 서양에서는 노란색이 '정신 작용'을 뜻한다고 생각하기 때문이다.

그녀의 머리 위에는 1번 마법사 카드에서 봤던 무한대의 기호가 있다. 마법사가 첫 번째 줄의 첫 번째 카드인 것처럼(1~7까지가 첫 번째 줄), 8번 힘 카드는 두 번째 줄의 첫 번째 카드다. 진실한 힘은 우리 내면의 본능과 조화를 이루어 우리 자신 안에서 흘러나오며 절대로 고갈되지 않는다.

그렇다면 힘은 당신에게 무슨 의미인가?

점술적 의미

자신감, 온화한 힘, 개방성, 파괴적인 충동의 극복, 어려운 것을 우아하고 용기 있게 할 수 있는 능력, 동물을 사랑하는 사람.

역방향

약함, 의심, 참을 수 없는 파괴적 충동, 타로 리딩을 받는 사람에게 "당신에게 힘의 의미는 무엇입니까?"라고 묻듯이 "당신에게 약함의 의미는 무엇입니까?"라고 물어야 한다, 카드가 거꾸로 나오면 한계를 알아야 한다는 의미일 수 있다.

```
┌───┐   ┌───┐
│ 1 │   │ 2 │
└───┘   └───┘

┌───┐   ┌───┐
│ 3 │   │ 4 │
└───┘   └───┘

┌───┐   ┌───┐
│ 5 │   │ 6 │
└───┘   └───┘
```

1 나는 얼마나 강할까?

2 나는 얼마나 약할까?

3 나는 언제 강해질 필요가 있을까?

4 나는 언제 약해질 필요가 있을까?

5 무엇이 나를 강하게 할까?

6 무엇이 나를 약하게 할까?

THE HERMIT.

9. 은둔자 *The Hermit*

키워드: 홀로 있음, 지혜, 지도, 성숙

타로카드를 잘 모르는 사람들이 특히 싫어하는 카드가 있다. 13번 죽음 카드, 15번 악마 카드, 칼이 그려진 카드 중 몇 개를 싫어하는데 사실 이 카드들은 끔찍한 이름과 이미지와 달리 매우 중요한 의미가 있다. 하지만 단순히 이미지와 이름 때문에 사람들은 불안해한다. 보통 우리는 9번 은둔자 카드를 그다지 두려워하지 않지만 "나는 내 영혼의 동반자를 곧 만날 수 있을까?"라는 질문을 한 상황에서 은둔자 카드가 나온다면, 우리는 산 위에서 망토를 두르고 홀로 서 있는 인물을 보고 불안함을 느낄지도 모른다. 그러나 한 번 더 생각하면, 당장은 파트너를 찾을 생각이 없다는 뜻일 수도 있다. 당신은 아마도 자기 자신에 대해 탐구하고 있거나 고독을 즐기는 중일 것이다.

이 카드는 매우 단순해 보이지만, 귀중한 생각과 상징을 담고 있다. 그림 속 은둔자를 보자. 칼 융Carl Jung이 연구한 이미지 이론에 따르면 수많은 무의식의 이미지들은 서로 반대의 이미지를 이룬다. 예를 들면 현명한 늙은 노인 대 영원한 아이 같은 구도, 0번 바보 카드와 9번 은둔자 카드 같은 관계다. 둘 다 산 위에 서 있지만 바보 카드는 뛸 준비를 하고 있고 은둔자 카드는 산 정상에 머무르는 데 만족하고 있는 것처럼 보인다.

그는 지혜의 빛을 비추는 등불을 들어 그의 뒤를 따르는 사람들을 안내한다. 5번 교황 카드처럼 은둔자도 다른 이들을 가르치는 자다. 교황은 법칙과 문화적 전통에 대한 가르침을 주지만, 은둔자는 내면의 진실한 빛으로 사람들을 안내한다. 그는 제자를 두는 것에는 관심이 없지만 자신을 찾아내는 사람이 있다면 기꺼이 가르침을 줄 것이다.

등불 안에는 육각의 별이 있다. 이 별은 유대교의 상징으로 유명하고 삼각형 두 개의 변형으로 삼각형 하나의 끝은 위를 가리키고 하나는 아래를 가리킨다. 육각의 별은 가장 기본적인 원소인 불과 물의 결합을 상징하며 위에 있는 삼각형은 잠재력을 가진 남성적인 불을 의미하고, 아래에 있는 삼각형은 생명을 탄생시키는 자궁의 양수를 의미한다. 은둔자 카드는 결국 사랑과 관계에 대한 불을 밝히는 카드로, 육각의 별은 6번 연인 카드를 연상시킨다. 또한 은둔자 카드의 숫자 9는 6이 거울에 비친 것과 같다.

메이저 아르카나를 세 그룹으로 나누었을 때, 남성으로 그려진 은둔자는 여성인 2번 고위 여사제 카드 아래에 위치한다. 이는 여성적인 힘의 상징인 8번 힘 카드가 1번 마법사 카드 아래에 오는 것과 대비된다. 남성의 힘과 여성의 힘처럼 대립되는 카드들은 구조에 따라 변화하기도 하고 위치가 바뀔 수도 있다. 은둔자 카드 아래에 오는 16번 탑 카드는 2번 고위 여사제 카드와 9번 은둔자 카드의 대립 구도를 전복시키는 카드다.

우리는 은둔자 카드를 두 가지 방식, 그러니까 자신이거나 교사 또는 가이드로 볼 수 있다. 자기 자신으로 보면 진정한 자신이 되기 위한 의지와 우리의 길을 밀고 나가는 것을 의미한다. 진정한 자아를 찾기 위해 등불을 드는 것이다. 또한 타인으로 보면 교사, 상담가, 롤 모델, 현명한 친구처럼 나의 길을 밝혀줄 사람을 의미한다.

점술적 의미

홀로 있는 것, 자신의 진실을 탐험하기, 내면을 들여다볼 때, 0번 바보 카드와 모험심 강한 기사 카드(마이너 아르카나)의 대안으로서의 성숙함, 카운슬러, 롤 모델, 개인 강사 같은 가이드, 오컬트의 지혜.

역방향

사람들과 함께할 때, 혼자 있었다면 이제는 사회 속에서 어울릴 때, 미성숙함.

❶ 내가 나만의 것이 되기 위해서는 무엇이 필요할까?

❷ 무엇 또는 누가 나를 이끌어줄까?

❸ 나의 빛은 어디서 찾아야 할까?

❹ ③은 무엇을 밝혀줄까?

❺ 은둔자 카드가 나에게 던지는 질문은 무엇일까?

WHEEL OS FORTUNE.

10. 운명의 수레바퀴

Wheel of Fortune

키워드: 행운, 운명, 카르마

운명의 수레바퀴 카드는 라이더 웨이트 카드 중에서 가장 비현실적이다. 이 카드에는 8번 힘 카드 같은 풍경도 없고, 9번 은둔자 카드처럼 사람이 그려져 있지도 않다. 그 대신 바퀴를 타고 있는 미스터리한 이집트의 상징과 책을 든 천사, 세 마리의 괴물을 볼 수 있다.

　처음 타로카드가 등장했을 때 대부분의 사람들은 이 카드에 그려진 존재들이 마태복음, 마가복음, 누가복음, 요한복음을 쓴 네 명의 사도(마태, 마가, 누가, 요한)라고 생각했다. 왜 이렇게 독특하게 표현했을까? 이미지의 유래를 추적해보자. 구약성서를 보면 에스겔Ezekiel의 천국으로 가는 전차 환영에서 천사, 독수리, 사자, 황소의 형상이 나오는데 이는 네 개의 별자리를 상징한다. 천사는 물병자리를, 독수리는 전갈자리를, 사자는 사자자리를, 황소는 황소자리를 의미한다. 이 별자리들은 사계절을 상징하며 계절의 바퀴는 돌고 돈다. 네 개의 형상은 마이너 아르카나의 원소 네 개를 상징하기도 한다. 사자는 불을, 독수리는 물을, 천사는 공기를, 황소는 땅을 의미하는 것이다.

　원래 타로카드에는 이 이미지들이 그려져 있지 않았다. 라이더 웨이트 카드의 제작자이자 작가인 웨이트 경과 스미스 여사가 21번 세계 카드에서 네 형상을 차용해온 것이다. 세계 카드에는 이 네 형상이 좀 더 현실적으로 그려져 있는데, 세계 카드 가장자리에 그려진 심플한 리스를 가져와서 상징으로 가득 찬, 미스터리한 수레바퀴로 바꿔버렸다.

앞에서 우리는 0번 카드를 포함한 메이저 아르카나를 일곱 장씩 묶어서 살펴보았다. 0번 카드를 제외한 카드를 열 장씩 두 그룹으로 만들면, 11번 정의 카드가 중심에 위치한다. 10번 운명의 수레바퀴 카드는 첫 번째 그룹의 끝이고, 21번 세계 카드는 두 번째 그룹의 끝이다.

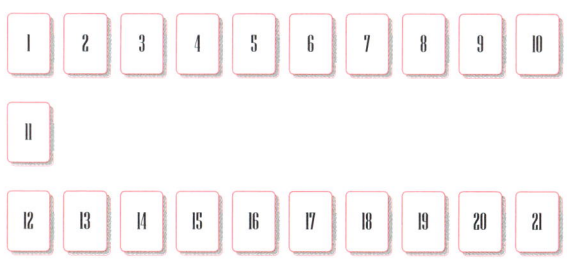

그러므로 운명의 수레바퀴는 우리가 모든 것을 확인할 수 있는 21번 세계 카드와 달리, 복잡한 상징 안에 지혜를 숨겨놓은 여정으로 우리를 데려다준다.

누군가는 운명의 수레바퀴 카드를 환생에 관한 상징으로 보기도 한다. 왼쪽의 뱀은 이집트 신 세스Seth를 의미하는데, 그리스 신화에서는 티폰Typhon이라고 불렸던 신으로 파괴와 죽음을 상징한다. 오른쪽에는 이집트 신 아누비스Anubis가 있는데, 이 신은 죽은 영혼을 새로운 삶으로 안내한다. 스핑크스는 진실의 검을 잡고 있다. 죽음과 환생은 매일 반복되는 삶처럼 내면의 규칙에 따라 움직인다. 우리 삶은 제멋대로인 것처럼 보이지만 사실 그렇지 않다.

운명의 수레바퀴에 있는 모든 상징은 어떤 의미일까? 나침판이 가리키는 것은 연금술적인 변형을 거쳐야 하는 원소를 의미한다. 북쪽은 수은, 동쪽은 황, 남쪽은 물, 서쪽은 소금이다. 가장자리에는 네 개의 문자가 있는데 시작점에는 영어가, 다음에는 히브리어가 적혀 있다. 북동쪽에서 시작하며 시계 방향으로 보면 그 유명한 테트라그람마톤Tetragrammaton, 즉 하느님의 이름인 야훼를 히브리어의 네 자음으로 표기한 것이 된다. 가장 강력한 신의 이름이자, 창조의 공식으로 여기는 단어다. 이 문자는 14번 절제 카드의 로브 위에도 그려져 있는데 마이너 아르카나와 코트 카드의 원소 네 개를 상징하기도 한다.

이 알파벳은 배열을 바꾸어 ROTA(라틴어로 '수레바퀴'), TARO(타로), TORA(히브리어로 된 율법), 혹은 ATOR(이집트 어로 '사랑의 여신') 같은 단어로 해석할 수 있다. '타로의 수레바퀴는 사랑의 율법'이라고 말하는 것이다.

우리는 이 카드를 어떻게 해석할 수 있을까? 한 가지 분명한 것은, 우리가 이해할 수 없는 기대하지 않았던 운명이 다가온다는 것이다. 결국 이 카드는 운명의 수레바퀴가 돌아가면서 만나게 될 삶의 위험을 감수하라는 의미가 아닐까.

점술적 의미

운명, 카르마, 행운, 어려운 시기를 보낸 사람이 더 나은 시기를 맞이한다는 반가운 카드, 숨겨져 있던 것이 드러난다, 특히 0번 바보 카드와 함께 나오면 위험을 감수하라는 뜻.

역방향

생각보다 별로 중요하지 않은, 예측하거나 통제할 수 없는 변화, 발생한 일의 이면을 볼 가능성, 새로운 가능성, 도박 문제.

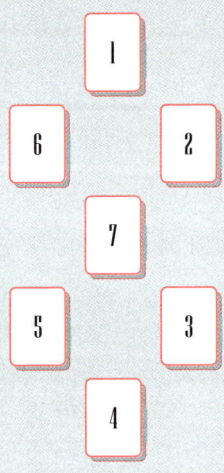

① 무엇이 운명의 수레바퀴 카드를 돌리는가?

② 외부에서 어떤 변화가 일어날까?

③ 내면의 변화가 가능할까?

④ 내가 직면할 상황은 무엇일까?

⑤ 무엇이 올라갈까?

⑥ 무엇이 내려갈까?

⑦ 중심에는 무엇이 있을까?

11. 정의 *Justice*

키워드: 진실, 자신에 대한 정직함, 공정한 결과

정의 카드는 앞으로 열 장, 뒤로 열 장을 두고 메이저 아르카나의 정중앙에 위치하고 있다. 양쪽에서 균형을 잡는 저울은 우리가 살아가면서 삶의 양면을 함께 다루어야 한다는 진실을 보여준다.

0번 바보 카드는 모든 것을 담고 있지만 아무것도 깨닫지 못한 상태다. 그의 잠재성은 두 가지 이미지로 나뉜다. 1번 마법사 카드의 빛과 의식과 행동으로, 2번 고위 여사제 카드의 어둠과 무의식과 고요함으로. 우리는 6번 연인 카드에 등장하는 아담과 이브의 대비되는 이미지와 7번 전차 카드의 흑백 스핑크스도 보았다.

21번 세계 카드는 모든 것을 담고 있지만, 정의 카드도 한 번 살펴보라. 로마숫자 11을 기준으로 생각한다면, 마법사의 1이 두 개 있는 숫자이며, 2번 고위 여사제 카드에 그려진 두 개의 기둥이 떠오른다. 또한 1 더하기 1은 2이기도 하다. 정의 카드에 그려진 여성은 잔인해 보이기도 하며 양성적인 모습이 보이기도 한다. 그녀는 2번 카드의 고위 여사제처럼 장막이 처진 두 기둥 사이에 앉아 있는데, 칼을 든 한쪽 팔은 들고 저울을 든 한쪽 팔은 내린 모습이다. 붉은 가운, 막 일어나려는 한쪽 발은 1번 카드의 마법사와 비슷하다.

정의란 무엇이고 왜 중요한가? 8번 카드가 상징하는 힘, 14번 카드가 상징하는 절제, 그리고 타로카드에서는 빠진 신중함과 더불어 정의는 인간의 기본 덕목이다. 정의는 삶을 정직하고 공평하게 들여다보는 능력이며 죄책감, 공포, 억울함 등이 축적된 과거로부터 우리를 자유롭게 해준다.

　우리는 정의 카드의 이미지를 법정에서 보아왔다. 저울은, 즉 법원은 누가 이기고 질 것인지를 결정하는 곳이다. 법원을 상징하는 정의의 여신은 불공정함을 피하기 위해 눈을 가리고 있다. 그러나 정의 카드의 여성은 눈가리개를 하지 않고 우리를 똑바로 보고 있다. 마치 우리의 삶을 정직하게 바라보라고 말하는 듯하다. 칼끝은 진실을 향해 똑바로 서 있다. 라이더 웨이트 카드에서는 단 세 개의 카드에 그려진 칼만이 위쪽을 똑바로 가리키는데 정의, 칼의 에이스, 그리고 칼의 여왕이다.

　사람들은 종종 묻는다. 타로가 사건을 예언할 수 있다면, 인간의 자유의지는 무슨 의미가 있느냐고. 카드는 확정된 미래를 보여주는 것이 아니라 가능성을 보여줄 뿐이다. 우리는 자유의지를 가지고 있음에도, 종종 사용하지 않는다. 왜냐하면 무의식적인 욕망에 따라 행동하기 때문이다. 정의 카드는 자신에 대해 파악해야 의식적으로 자유의지에 따라 선택할 수 있다는 것을 말하는 카드다.

그렇다면 실제 법정과 관련된 사건에서는 어떤 의미를 지닐까? 아무리 심오한 상징을 가진 타로카드라도 일상을 반영하지 않는 해석은 있을 수 없다. 당신이 법적인 문제를 물어보며 타로를 뽑았는데 정의 카드가 나온다면, 정의로운 결과가 있을 것이다. 물론 정의로운 결과와 당신이 원하는 결과는 다를 수도 있다.

점술적 의미

자기 실험, 정직, 도덕적 판단과 선택, 다른 상황 사이에서 균형 잡기, 법적인 일에 대한 정의로운 결과.

역방향

마지못해 삶을 정직하게 들여다보는 계기, 정의롭지 않거나 정당하지 않은 상황에 처할 가능성, 법적인 사건에서 정의롭지 못한 결과.

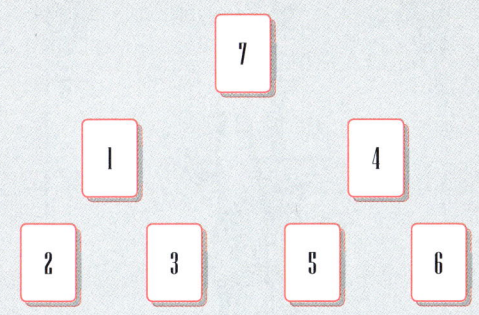

❶ 외부의 정의는 무엇일까?

❷ ①을 추구하는 지혜는 무엇일까?

❸ 어떤 행동이 최상일까?

❹ 내 안의 정의는 무엇일까?

❺ 나는 어떤 역할을 해야 할까?

❻ 어떻게 하면 정의로울 수 있을까?

❼ 외부의 정의와 내 안의 정의를 연결하는 것은 무엇일까?

THE HANGED MAN.

12. 매달린 자 *The Hanged Man*

키워드: 애착, 유예, 비인습적

다양한 상징으로 가득한 운명의 수레바퀴 카드, 균형 잡힌 저울이 있는 정의 카드를 지나 매달린 자 카드에 도착했다. 이 카드는 타로카드 중 가장 수수께끼 같은 카드다. 이 카드를 뽑은 사람들은 카드가 뒤집힌 게 아닌가 생각할 수도 있다. 오래된 타로카드 중에는 인쇄를 잘못해서 원래는 오른쪽 다리가 위에 인쇄되어야 하는데 그 반대로 인쇄된 것도 있다. 이 타로카드의 본질은 머리와 다리를 거꾸로 한 자세 그 자체인데, 바로 앞 정의 카드에서 그가 정의를 받아들이면서 삶이 완전히 뒤집혔다는 것을 의미하기 때문이다.

이 카드에는 오해를 받을 수 있다는 의미도 있다. 만일 당신이 항상 거꾸로 있다면 다른 사람들은 당신이 이상하다고 생각할 것이다. 그러나 긴장감 없는 자세와 빛나는 얼굴을 보라. 그가 다른 사람의 말에 신경이나 쓸까?

이 카드를 부정적으로 보는 사람들도 많다. 버티기, 틀어박히기, 고통스러운 희생 등으로 말이다. 이탈리아 사람들은 배신자를 응징할 때 발을 묶고 매달기도 했기 때문에 어떤 타로카드 덱은 뒤틀린 몸과 고통스러워하는 얼굴을 그려놓고 '배신자'라는 이름을 붙여놓았다. 그러나 이것은 카드가 말하고자 하는 내용이 아니다. 매달린 자는 금빛으로 빛나는 얼굴을 가진 유일한 카드다. 천사들조차도 그처럼 아름답게 그려지지는 않았다. 그는 영적인 가치를 이루기 위해 나무에 매달렸다. 그렇기에 사람들이 자신을 인정하든 말든 상관없이 빛나는 표정이다.

12라는 숫자는 마법사 카드의 1과 고위 여사제 카드의 2가 함께 있는 숫자다. 12는 21의 순서를 바꾼 것으로 우리가 21번 세계 카드를 12번 매달린 자 카드의 옆에다 두면, 혹은 세계 카드를 위에 두고 매달린 자 카드를 아래에 두면, 두 카드가 거의 같은 자세를 하고 있음을 알 수 있다. 우리는 12번 카드에 이르러 여정의 절반에 도달했고, 이 여행의 놀라운 결말에 다가가고 있지만 12번 카드처럼 세상을 거꾸로 보지 않으면 여행 이전과 다른 시각을 가질 수 없다.

십자가 자세의 카드는 주변의 카드를 가리키는 듯한 모습이다. 수평으로 접은 다리는 11번 정의 카드와 13번 죽음 카드 사이에서 균형을 이루고 있으며 자신이 누구인지 진실을 받아들이고 변화에 항복하는 것을 나타낸다. 메이저 아르카나 카드를 세 그룹으로 나누면, 12번 카드의 다리 끝은 교황을 가리키고 빛나는 머리는 아래 있는 태양 카드를 가리킨다. 그의 발은 교황 카드가 의미하는 전통에서 시작하고 그의 머리는 태양 카드처럼 밝은 빛의 계시 속에 있다. 그가 거꾸로 매달려 있기에 이런 일이 가능한 것이다.

그렇다면 매달린 자가 괴롭고 고통스러운 희생을 의미한다는 주장은 무시해도 될까? 물론 이 카드 자체는 다른 사람의 권위를 받아들일 필요가 없다는 것을 상징하지만 우리는 이 관점도 눈여겨봐야 한다. 이것은 우리가 정의를 어떻게 실현하느냐에 달려 있다. 우리가 저울의 균형을 맞추고 우리 자신을 받아들일 때, 매달린 자 카드는 깊은 의미를 지닌 영적 가치를 발견한다. 그러나 우리가 정의를 거부하면 매달린 자 카드는 속박에서 벗어날 수 없는 고통스러운 사건이나 상황, 기억이 되고 말 것이다.

점술적 의미

심오한 가치에 매달림, 주변 사람들과 다른 시각, 기쁨 혹은 계시, 대안적인 것, 꼼짝 못 함, 희생.

역방향

다른 사람의 의견이나 믿음 같은 사회적 기대에 심하게 영향 받는 것, 자신을 속박하는 것에서 벗어나 움직일 준비가 되어 있음.

❶ 나는 주변 사람들과 어떻게 다를까?

❷ 내가 생각하는 심오한 가치는 무엇인가?

❸ 무엇이 나에게 고통을 주는가?

❹ 무엇이 나에게 기쁨을 주는가?

❺ 나는 무엇을 발견할 수 있을까?

13. 죽음 *Death*

키워드: 변화, 끝내야 할 어떤 것

타로 리더들은 13번 죽음 카드를 두려워하지 않는 법을 제일 먼저 익혀야 한다. 죽음 카드가 리딩 중에 나왔다고 해서 누가 죽는다거나 이 카드가 누군가를 죽게 할 것이라고 받아들이면 안 된다. 타로카드는 어떤 행동을 일으키거나 현실의 사건을 만들어내는 것이 아니다. 타로카드는 78장의 카드로 이루어져 있다. 만일 어떤 카드 한 장이 죽음을 예측하는 기능만 한다면, 그 카드는 쓸데없이 자리만 차지하고 있는 것이다.

그렇다면 죽음 카드의 진정한 의미는 무엇일까? 세상에는 육체 말고도 죽을 수 있는 것이 많다. 오래된 습관이나 삶의 방식, 한계에 다다른 직업, 수명을 다한 관계 등은 이미 죽어 있는 것처럼 느껴지기도 한다. 강력한 천사 카드가 죽음 카드 바로 뒤에 따라오는 것을 보라. 천사가 등장하는 14번 절제 카드는 삶 속의 무언가가 낡고 닳아서 끝나버렸다는 사실을 받아들이면 우리는 해방될 수 있음을 상징한다.

사실 죽음 카드는 천사로 둘러싸여 있다. 13번 죽음 카드는 (0번 카드를 제외하고) 카드를 일곱 장씩 세 그룹으로 나누었을 때 여섯 번째에 위치한다. 13번 카드 바로 위에는 연인과 날개를 활짝 편 천사가 있고(6번 연인 카드), 아래에는 죽은 자들을 일어나게 하는 나팔을 부는 천사(20번 심판 카드)가 있다. 사랑, 죽음, 그리고 부활이다. 죽음 카드 위아래에 있는 6번 연인 카드와 20번 심판 카드 속 사람들은 모두 벌거벗은 채로 축복하고 기뻐한다.

이전 타로카드에서 죽음 카드는 망토를 두른 해골이 큰 낫으로 손과 발, 왕관을 쓴 해골을 '수확'하는 모습이 그려져 있었다. 이 이미지의 교훈은 중요한 사람이건 권력을 가진 사람이건, 설사 왕일지라도 죽음은 우리 모두에게 공평하다는 의미다. 라이더 웨이트 카드 버전의 죽음 카드는 더 복잡하고 미묘하다. 해골은 눈에 띄는 검은 갑옷을 입고 용맹스러운 눈빛의 백마에 타고 있다. 깃발의 흰 장미는 죽음의 힘과 순수를 상징한다.

이 카드에는 풍부한 상징이 그려져 있다. 왼쪽 아래에 집중해보자. 강 위에 있는 이집트인의 배가 보이는가? 『티베트 사자의 서Tibetan Book of the Dead』에 의하면, 티베트인들은 죽음을 삶의 상태에서 다른 상태로 이동하는 것이라고 본다고 한다. 카드 아래쪽의 네 사람은 죽음으로 인해 욕망을 놓아야 할 때 나타나는 각각의 반응을 대표한다. 말 아래에는 마치 짓밟힌 것처럼 보이는 죽은 왕이 있다. 그는 변화에 대한 저항을 상징한다. 왕의 견고한 자아는 삶에 대한 통제를 포기할 수가 없기 때문이다. 말 앞에 서 있는 성직자는 기도하는 자세를 취하고 있다. 그의 정교한 로브가 그를 받쳐주기라도 하듯 경직된 성직자는 두려움 없이 죽음에 직면하라는 가르침과 전통을 상징한다. 그는 죽음의 공포에 사로잡히지 말고 죽음 이후의 새 삶을 여행하라는 것을 의미한다.

성직자의 발밑에는 아이와 하녀가 있는데, 둘 다 머리에 꽃을 달고 있다. 하녀는 공포에 질려 눈을 돌린 듯하다. 반면 아이는 순수함, 그리고 공포로부터의 해방을 상징한다. 싱싱한 꽃다발을 들고 죽음을 똑바로 바라보고 있기 때문이다.

점술적 의미

어떤 것의 끝, 공포나 후회 없이 놓아주어라, 그러면 새로운 가능성이 생긴다. 이 카드는 어떤 상황에서 물리적인 죽음이 실제로 일어날 때, 그것을 정직하게 보라고 이야기한다.

역방향

변화에 대한 공포, 경직됨, 침체, 환자나 노인과 관련된 리딩일 때는 죽음에 대한 공포를 말하는 것일 뿐 죽는다는 의미는 아니다.

타로 리더 폴라 스카다말리아Paula C. Scardamalia가 디자인한 백장

미White Rose 스프레드에 기초

❶ 이미 죽어버린 것은 무엇일까?

❷ 무엇이 ①을 죽였을까?

❸ 죽어야 하는 것은 무엇일까?

❹ 무엇이 그것을 놓을 수 있을까?

❺ 무엇이 묻혀 있을까?

❻ (①번 자리 옆에 두고) 어떤 것이 태어날 수 있을까?

14. 절제 *Temperance*

키워드: 고요, 균형, 냉철함, 진지함

영어에서 'Temperance'는 알코올을 절제하라고 할 때 사용하는 단어다. 이 카드에 있는 천사는 칵테일을 섞는 것처럼 보이기도 하지만 실제로는 고요함, 책임감, 그리고 금욕을 상징한다. 절제 카드의 천사는 죽음 카드 바로 뒤에 등장하는 대천사이며 무언가를 성공적으로 포기하고 내려놓은 뒤 우리 자신에게서 발견하는 '천사 같은 자아의 참모습'을 상징한다.

카드 그림처럼 기울어진 컵에 물을 담는 것은 사실상 불가능하기 때문에 이 카드는 능력 밖의 일에 도전할 때는 침착해야 한다는 것을 보여준다. 천사는 평화롭고, 집중하고 있으며, 조금은 무감각해 보이지만, 날개를 힘차게 펼치고 있어 그림 안에 다 담기지 않을 정도다.

절제 카드는 타로카드에서 승리를 상징하는 세 개의 카드 중 하나다. 7번 전차, 14번 절제, 21번 세계 카드가 그 세 카드다. 이 카드들은 우리가 내면에 있는 천사를 발견하지 못하게 만드는 공포, 죄책감, 무시 등을 극복해야 승리할 수 있다는 것을 의미한다.

중세 사람들은 인간이 몸 안에 다양한 '기질'을 담고 있고, 그것이 인간의 건강과 행동을 통제한다고 생각했다. 몸을 통제하는 이 '기질'이 균형을 잃으면 아프거나 나쁜 행동을 하게 된다고 믿었다. 반대로 절제는 에너지와 행동이 균형과 조화를 이루는 상태다. 그러므로 침착하고 적당하게 '절제'하는 것은 건강에도 좋으며 어떤 상황에서는 화를 내지 말라는 의미이기도 하다.

이 그림은 심리학적 의미뿐만 아니라 상징도 담고 있다. 대천사 미카엘은 '신과 같이 생긴 사람'을 의미한다. 펼쳐진 로브를 유심히 보면, 가슴 위 사각형 위에 10번 운명의 수레바퀴 카드에서 보았던 히브리문자를 발견할 수 있다. 기독교에서 미카엘은 루시퍼와의 전쟁에서 신의 군대를 이끈 천사다. 루시퍼를 어둠의 심연으로 던지고 사탄으로 만든 것이 바로 미카엘이다. 이는 왜 13번 죽음 카드 다음에 14번 절제 카드가 오는지를 설명한다. 절제는 자제한다는 의미 이상의, 중독과 자만, 자기혐오 같은 내면의 유혹을 극복하고 진정한 승리를 얻는다는 것을 의미한다.

천사는 한 발을 바위에, 다른 한 발은 물속에 두고 있는데, 이것은 에너지의 융합을 의미하는 또 다른 상징이다. 우리가 발을 붙이고 있는 '진짜 현실'이 바위라면, 물은 감정적인 것이다. 머리 위에 있는 점이 찍힌 원은 점성학적으로 태양을 상징한다. 13번 죽음 카드에서 떠오르기 직전의 태양을 볼 수 있는데, 14번 카드에 오면 태양은 산 위에서 밝게 빛난다. 이 것은 새로운 삶과 더 높은 수준의 자각을 상징한다.

물에서 시작한 길은 산으로 이어진다. 차분하고 절제된 행동으로 가는 길이다. 오른쪽에 있는 아이리스 꽃은 활짝 피어 있다. 그리스 신화에서 아이리스는 신에게 하는 맹세를 증명하는 꽃이다. 따라서 절제 카드는 새로운 삶에 대한 진지하고 엄숙한 맹세 또는 약속을 의미한다고 볼 수 있다.

점술적 의미

차분함, 적당함, 내면의 균형을 이루는 감각, 새로운 삶을 살겠다는 약속, 생각과 에너지를 섞어 문제를 창조적으로 해결함.

역방향

참을성 없음, 통제력을 상실함, 과도한 행동이나 극단적으로 치닫는 것, 하지만 이것이 항상 나쁜 것은 아니다, 다른 타로와 함께 등장할 때는 자제력이 무너져 중독에 빠질 가능성을 의미함.

극단적으로 대비되는 어려운 선택이나 상황에서 사용할 수 있다.

1 현재 상황

2 대안

3 중도적인 방법

4 필요한 접근 방법

5 어떻게 하면 에너지가 흐를 수 있을까?

6 어떤 약속이 필요할까?

15. 악마 *The Devil*

**키워드: 집착, 나쁜 관계, 질 낮은 욕망이나
믿음(성생활의 에너지)**

어떤 사람들은 사탄이 타로를 발명했고 인간에게 주어 죄의 유혹에 빠지게 되었다고 생각한다. 타로는 그 무엇보다 영적인 기록물이기에 설사 악마 카드가 우리가 가진 약점에 불을 밝혀 우리 안의 어둠을 보여준다고 해도, 가장 중요한 상징은 두 사람을 묶고 있는 사슬이다. 목을 묶고 있는 사슬은 느슨해서 충분히 빠져나올 수 있는 정도다. 우리에게는 항상 선택의 자유가 있다. 아무리 상황이 나쁘고, 결국 끝나버린 것 같아도 우리는 상황을 바꿀 수 있다.

15번 악마 카드의 숫자를 분석하면 1 더하기 5는 6, 6번 연인 카드가 된다. 두 카드를 나란히 놓고 보면 15번 악마 카드는 6번 연인 카드를 어둡게 그린 것처럼 보인다. 연인 카드 속 아담과 이브 뒤에 있는 과일과 잎은 악마의 친구가 되어 반은 악마로 변한 자들의 꼬리가 되어버렸다. 이것은 때로는 학대하고 집착하는 나쁜 관계를 의미한다.

그럼에도 카드 속의 인물들은 편안해 보이며 엷은 미소를 띤 얼굴은 불행해 보이지 않는다. 어떤 타로 리더들은 악마 카드를 성적으로 억압된 사회에 대항하는 섹슈얼리티의 카드 또는 야성적인 시기를 가리키는 카드라고 본다. 쇠사슬에 묶여 있는 사람들은 본디지(신체를 묶는 성적 취향) 같은 성적인 게임에 대한 충격적인 이미지(실제로는 그다지 유해하지 않은)를 나타낸다고 볼 수도 있다. 이 이미지의 원천 중 하나인 그리스 신 판_{Pan}은 전원의 신이기도 하지만 진탕 먹고 마시고 성적으로 문란하게 노는 것을 상징하는 신이기도 하다.

라이더 웨이트 카드는 템플 기사단이 숭배했던 악마 바호메트_{Baphomet}에서 악마 카드의 이미지를 가져왔다. 어떤 이들은 컵의 에이스 카드에 그려진 성배를 템플기사단이 발견하고 수호한다고 믿는다.

악마 카드의 숫자인 15는, 마법사 카드의 1과 교황 카드의 5로 이루어져 있다. 5번 교황처럼 악마는 두 제자를 지배한다. 그는 마치 교황 카드의 축복을 흉내 내듯 손을 올리고 있는데, 두 손가락은 올리고 두 손가락은 내린 교황 카드와 달리 손을 쫙 펴고 있는 모습은 물질적인 세상은 보이는 그대로라는 것을 상징한다. 위도 없고 아래도 없고 위대한 진실도 없이, 그저 바로 앞에서 보고 만지는 것일 뿐이라는 뜻이다. 마법사가 크리스털 막대로 하늘을 가리켰다면, 악마 카드 속 맹렬히 불타는 토치는 땅을 가리키고 있다는 것을 주목하라.

악마 카드는 카드를 일곱 장씩 세 그룹으로 나누면 마법사 카드처럼 마지막 그룹의 처음이 된다. 마지막 그룹의 마지막 카드는 21번 세계 카드다. 악마 카드는 왜 이렇게 뒤쪽에 위치하게 되었을까? 우리는 어둠에 사로잡힌 영적인 빛을 해방시키기 위해 우선 14번 카드의 천사 같은 자아를 발견해야 한다. 일곱 장의 카드에서 빛이 이동하는 것을 보라. 악마 카드는 전체적으로 어둡고 탑 카드에는 번개가 친다. 그다음 달빛 그리고 별빛, 햇빛을 지나 영혼의 빛이라고 부르는 20번 심판과 자아의 빛이라고 부르는 21번 세계로 나아간다. 점점 더 위대한 빛의 세계로 나아가는 것이다.

전술적 의미

집착, 중독적인 행동, 환각, 실수, 무엇이든 우리를 속박하는 나쁜 관계, 때때로 거짓말을 의미함, 가볍고 야성적이고 저항적인 성적 모험.

역방향

해방을 향한 발걸음, 자유의지를 인식함, 허상을 꿰뚫어 봄, 관계에서 심각하고 진지해짐.

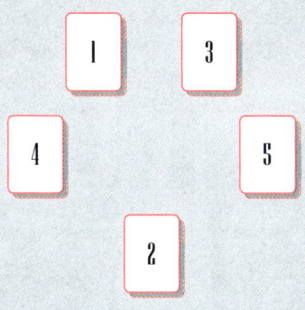

거꾸로 뒤집힌 오각형 모양을 만든다.

❶ 나를 붙잡고 있는 허상 속의 쇠사슬은 무엇일까?

❷ 어떻게 하면 그 허상을 제대로 볼 수 있을까?

❸ 어떻게 하면 자유롭다고 느낄 수 있나?

❹ 나는 무엇을 발견하게 될까?

❺ ④를 위해 가장 먼저 해야 할 것은 무엇일까?

16. 탑 *The Tower*

키워드: 격변, 대변동, 놓아줌, 계시

타로 리딩은 개인적인 문제에 조언을 해주지만 어떤 문제는 타로 리딩을 받는 사람이 손을 쓸 수 없는 상황에 놓여 있기도 하다. 때때로 세상은 개인의 리딩에 영향을 미치기도 한다. 2001년 9월 11일, 즉 9·11 사태로 쌍둥이 빌딩이 공격받기 2주 전에, 사건이 일어난 뉴욕에서 멀리 떨어진 오스트레일리아에서도 타로 리더들은 리딩 주제와 상관없이 탑 카드를 뽑았다는 이야기가 보고된다.

그렇다면 탑 카드는 재난이나 죽음을 의미하는 카드일까? 간단히 말하면 그렇지 않다. 그 정도 반응이 일어나는 규모의 사건은 매우 드물다. 물론 갑작스럽게 어려운 상황에 닥치거나 대변동이 일어나면 스스로를 풀어줄 필요가 있다는 것을 시사하기는 한다. 어떤 압박에서 자유로워지기 위해서는 자신을 폭발시킬 필요가 있다. 폭발적인 탑 카드 다음에는 고요하고 아름다운 별 카드가 온다.

탑 카드를 오르가즘으로 보는 현대의 흥미로운 해석도 있다. 아마 남성의 상상력에서 온 것으로 보인다. 앞의 의미와 연결하면, 성적인 힘은 우리의 삶을 바꾼다는 뜻이 될 수 있다. 악마 카드가 불륜 같은 은밀한 관계를 나타낸다면, 탑 카드는 이런 관계가 세상에 드러날 것이라는 의미일 수 있다.

이 카드를 좀 더 긍정적으로 바라보자. 문이 없는 견고한 돌탑에 번개가 치고 있다. 에너지가 방출되면 모든 것이 변한다. 앞서 양극단을 상징했던 카드들을 되새기면 오른쪽에는 빛과 함께 남성이, 왼쪽에는 어둠과 함께 여성이 그려져 있었다. 6번 연인, 15번 악마, 그리고 7번 전차 카드를 떠올려보라. 16번 탑 카드는 1 더하기 6은 7, 즉 7번 전차 카드가 되는데 7은 이미 6번 연인 카드를 포함하고 있다. 탑 카드에서는 위치가 역전되어 왼쪽에는 남자가, 오른쪽에는 여자가 자리하고 있다.

몇몇 사람들은 이 탑을 바벨탑으로 보기도 한다. 인간은 천국에 닿기 위해 바벨탑을 지었고 분노한 신은 번개로 탑을 내리쳤다. 그 이후로 인간의 통일된 언어는 다양한 언어로 나누어졌다. 이 내용은 탑의 파괴적인 면을 강조한다. 그러나 기독교에서는 성령이 사람의 몸에 빛(번개)으로 들어와 방언을 하게 만든다고 믿는데 그때 들리는 야생적인 소리는 인간의 언어를 초월한 것이다. 전 세계의 샤먼들은 무아지경 상태가 되면 의미를 알 수 없는 소리를 낸다. 이것이 탑 카드가 '신의 언어 전달', 또는 '계시'를 의미하게 된 이유다.

불꽃이 떨어지는 모양은 히브리어의 열 번째 문자 요드yod

처럼 보이는데, 이 신비로운 이름은 10번 운명의 수레바퀴 카드와 14번 절제 카드에서도 찾아볼 수 있다. 요드는 불의 원소를 대표하고 불은 영감과 새로운 시작을 상징한다. 우리는 오른쪽에서 열 개, 왼쪽에서 열두 개의 불을 볼 수 있는데, 10은 손가락, 즉 현실적인 세상을, 12는 열두 별자리, 즉 천상의 영적인 세계를 상징한다. 이것을 합치면 22가 되고 22는 메이저 아르카나 카드의 숫자이다.

이러한 상징을 타로 리딩에서는 어떻게 해석해야 할까? 탑 카드는 단지 파괴만을 의미하는 것이 아니라, 에너지를 놓아주거나 모든 상황을 바꿀 수 있는 강력한 계시를 뜻할 수도 있다. 그 순간은 비록 고통스럽지만 그 변화는 대체로 긍정적이다. 번개는 탑 위의 왕관을 바닥으로 끌어내린다. 태아가 산모의 몸에서 나올 때, 아기의 머리가 좁은 산도를 지나 넓은 세상으로 나오는 그 순간을 '왕관을 쓴다crowning'고 한다. 탑 카드는 이런 순간을 가리키는 것이다.

점술적 의미

격정적이고 격변하는 상황, 때때로 극단적이고 심지어 폭력적일 수도 있는 상황, 영적이거나 충격적인 발견이 일어나는 계시의 상황, 해방, 오래 지속된 문제가 갑작스럽게 끝남.

웨이트 경에 의하면 '정도가 덜한 것'과 동의어, 상황이 극적이지 않거나 사람들이 반응하는 것을 참고 있음, 자유나 해방의 느낌을 기대하기는 어려움.

• 탑 카드를 위한 스프레드 •

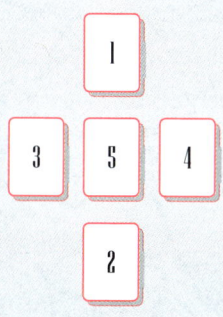

❶ 무엇이 내 삶을 구성하고 있을까?

❷ 무엇이 내 삶을 지탱하고 있을까?

❸ 이것이 나를 어떻게 구속했을까?

❹ 무엇이 이 구속을 풀 수 있을까?

❺ 무엇이 나타날 것인가?

THE STAR.

17. 별 *The Star*

키워드: 희망, 긍정, 평화

타로카드 속 '바보 카드의 여정'은 13번 죽음 카드부터 격정적인 16번 탑 카드까지 위기를 겪는다. 하지만 17번 별 카드에 오면 우리가 극복했다는 것, 즉 악마의 쇠사슬에서 벗어나 희망과 열린 마음을 찾았다는 것을 보여준다. 17번 별 카드는 14번 절제 카드와 닮았지만, 14번 절제 카드는 13번 죽음 카드와 15번 악마 카드 사이에 있는 카드이기에 큰 차이가 있다. 절제 카드에는 신의 상징을 로브 속에 가린 강력한 천사의 이미지가 있고 별 카드에는 옷을 벗은 여성이 그려져 있을 뿐이다. 라이더 웨이트 카드에는 다섯 개의 '옷을 벗은' 이미지가 있는데(21번 세계 카드까지 포함한다면 여섯 개), 연인 카드를 제외한 나머지는 마지막 일곱 장에 몰려 있다. 이는 강력한 변화를 직접 체감하라는 의미이다.

14번 절제 카드와 17번 별 카드 모두 한 발은 땅에 한 발은 물속에 있다. 하지만 별 카드에서 물속에 있는 발은 마치 물 위에 떠 있는 것처럼 보인다. 이 기적에 가까운 자세는 무엇을 의미할까? 물은 무의식으로 해석되기 때문에, 2번 고위 여사제의 장막 뒤 물웅덩이는 휘저을 수는 있어도 관통할 수는 없다. 반면 별 카드 다음 카드인 18번 달 카드에서는 생명체(게)가 물 밖으로 반쯤 나와 있는 것이 보인다.

14번 절제 카드의 천사는 불가능한 각도에서도 한 방울도 흘리지 않고 물을 따르고 있다. 17번 별 카드의 여성은 호리병 두 개로 물을 붓고 있는데 그 뒤에는 아무것도 없다. 이 자세는 2번 고위 여사제 카드의 장막 속 석류처럼 죽음과 재생을 관장하는 페르세포네 여신을 떠올리게 한다. 여름의 끝을 장식하는 페르세포네 제의의 마지막에는 교황의 지도하에 사제가 물병 두 개로 땅의 갈라진 틈에 물을 붓는 의식이 있다. "하이! 카이!(비야, 내려라! 열매여, 맺혀라!)" 여름의 가뭄 이후 땅에 생기를 불어넣는 의식이다.

페르세포네의 어머니이자 대지의 여신인 데메테르를 상징하는 여황제 카드는 (0번 카드를 제외하고) 타로카드를 일곱 장씩 세 그룹으로 나누었을 때 세 번째에 위치하며 세 번째에 위치한 다른 카드들, 즉 10번 운명의 수레바퀴 카드와 17번 별 카드를 이끈다. 만일 타로 리딩 중에 3번 여황제 카드와 17번 별 카드가 나왔다면, 모녀 관계가 매우 *끈끈하다*는 것을 뜻한다.

많은 사람들의 의견에 따르면 별 카드는 '지시'를 의미할 수도 있다. 하지만 원래 타로를 디자인한 사람들이 무슨 생각을 했는지 알 수 있는 기록은 없다. 몇몇은 방향을 잃지 않게 해주는 북극성 같다고도 한다. 별 카드에 그려진 8각의 별은 나침반 모양과 닮았으며 메이저 아르카나를 세 그룹으로 나누었을 때 10번 운명의 수레바퀴에 그려진 여덟 개의 살 바로 위에 위치한다.

나는 이 별을 '모닝스타'라 불리는 금성(비너스)으로 본다. 금성은 태양과 달 다음으로 밝은 별로, 타로카드의 순서대로 보면 별빛, 달빛, 그다음이 태양이다. 3번 여황제 카드는 데메테르뿐만 아니라 미의 여신 비너스도 상징하므로 그녀의 방패에는 금성의 기호가 그려져 있다. 한편 비너스는 악마를 상징하기도 하는데, 악마의 세례명이 루시퍼 모닝스타이기 때문이다. 금성이 보이지 않을 때는 사랑이 악마에게 사로잡힌 시기이며, 금성이 다시 보이는 것은 사랑이 다시 태어나는 것을 의미한다.

이 카드의 현대적 의미는 다음과 같다. 별이 되어라. 빛나라. 자신에게서 숨지 말고, 사람들이 거절하거나 경멸하는 것에 대한 공포가 악마의 쇠사슬이 되게 두지 말라. 당신만의 물을 부어 자연스러운 우아함과 아름다움을 발견하라.

점술적 의미

어떤 위기나 격렬한 사건이 있은 후의 희망, 열려 있음, 고요함, 치유와 재생, 별이 되어라, 다른 사람에게 자기 자신을 보여주어라, 관능, 육체적인 자신감.

역방향

의심, 회의, 거짓된 희망일 가능성, 수줍어함, 어떤 특별한 상황에서 스스로에 대한 걸 숨겨야 할 상황.

별 카드를 꺼내놓고, 잠시 바라본 뒤 테이블에 올려두자.
카드를 섞은 후 아래 주제에 맞는 카드를 한 장이나 세 장씩 뽑
아보라.

Ⓐ 희망

Ⓑ 길잡이

Ⓒ 평화

Ⓓ 치유

THE MOON.

18. 달 *The Moon*

키워드: 본능, 직관, 광기, 미스터리

자칼의 머리를 가진 신이 그려져 있는 10번 운명의 수레바퀴 카드를 빼면, 사람 없이 동물이 그려진 메이저 아르카나는 달 카드가 유일할 것이다. 한 명의 지배자가 두 존재를 거느리고 있는 구도의 카드인 6번 연인 카드, 5번 교황 카드와 비교해보자. 달 카드의 개와 늑대는 연인 카드의 아담과 이브, 교황 카드의 두 사제 위치에 그려져 있으며, 지배자의 위치에는 카드의 이름 그대로 달이 자리 잡고 있다. 아래쪽 물속에는 몸을 드러낸 가재가 있는데, 이는 별 카드가 깊은 물속(내면의 무의식)을 휘젓고 간 후에 무언가 원초적인 투쟁이 표면으로 드러난 것을 뜻한다. 메이저 아르카나를 세 그룹으로 나누었을 때 마지막 일곱 개 카드의 중앙에 위치한 달 카드는 0번 바보 카드의 여정에서 마지막이자 위대한 시험이 된다. 마법의 주문은 아름다운 소년을 늑대로 만들어버렸지만 그의 충성스러운 개는 여전히 그의 곁에 함께하는 아름다운 동화를 상상할 수도 있다. 동화, 신화, 이야기, 그리고 우리의 꿈은 달의 신비하고 어슴푸레한 빛을 통해 전해진다.

달 카드를 지나면서 '바보 카드의 여정'에 관한 동화는 행복한 결말을 향해 달려간다. 달 카드의 다음 카드는 기뻐하는 어린아이가 말에 타고 있는 태양 카드로, 라이더 웨이트 카드를 만든 웨이트 경은 이 이미지가 신성한 의식과 동물적 본능에 대한 '완벽한 순응'을 보여준다고 말했다.

달 카드에 나오는 가재는 무엇을 의미할까? 웨이트 경은 이 것을 "야생의 짐승보다 하위의 존재"라 말했다. 이것은 우리 가 이름을 붙일 수도 없는 공포와 본능에서 벗어나게 해주는 원초적인 뇌의 일부분을 상징한다. 가재는 몸을 반만 드러내 고 있기에 다시 물속으로 들어갈 것이다. 적어도 전통적인 해 석에서는 그렇다. 우리가 원초적인 내면과 싸우거나 그것을 부정할 때, 스스로를 왜곡할지도 모른다. 하지만 별 카드에서 벗고 있는 여성처럼 자신을 완전히 받아들여야 우리가 가진 가장 원초적인 본능 속에서 평화를 찾을 수 있다.

달은 정말 강력한 반응을 만들어낼 수 있을까? '광기lunacy' 의 어원이 '달Luna'인 것처럼 달은 광기에 영향을 미칠까? 경 찰서나 병원에서 일하는 사람들은 보름달이 떠 있는 3일 동안 이상한 일이 생긴다고 주장한다. 경찰서와 병원의 공식적인 기록을 확인해본 결과, 사실이 아닌 것으로 밝혀졌지만 사람 들은 여전히 달의 이상한 힘을 믿는다.

달은 스스로 빛나지 않고 태양의 빛을 반사하기에 점성술 사들은 달을 '절반의 진실'로 묘사하기도 한다. 최근의 타로 리더들은 특히 여성들은 그런 부정적인 의미에 도전하고 있다. 달의 공전주기는 여성의 생리주기와 같고(이것을 큰 틀에서 보면 "하늘에서와 같이 땅에서도 이루어지리라"와 같은 의미로 볼 수 있다) 달이 차고 보름달이 되고 이지러지는 것은 각각 젊은 여성, 어머니, 그리고 노년 여성을 상징하는 고대의 세 여신과 연결되어 있다.

달 카드는 더 이상 동물적 본능이나 광기를 의미하지 않는다. 우리는 이것을 본능적인 것을 뛰어넘는 심리적 인식이나 존재의 미스터리를 알아내는 어떤 감각이라고 생각한다.

태양 카드가 상징하는 것처럼 분명하고 밝은 느낌은 아니지만 달 카드는 꿈과 신화와 환상을 나타내는, 경이로운 상상력으로 가득 찬 호수 같다. 이런 특징은 달 카드를 해석할 때 무엇이 상상이고 무엇이 진짜 초자연적 신호인지 구분하기 어려운 이유가 되기도 한다. 상상과 초자연적 신호는 둘 다 같은 곳에서 온다. 달은 본능적인 야생과 미스터리의 영역을 상징하며, 바보 카드가 긴장을 풀고 있는 별 카드와 자신만만한 태양 카드 사이에서 마지막 시험을 거치는 영역이기도 하다. 어슴푸레한 달빛은 마음속의 보물을 숨기고 있을 수도 있다.

철학자 아난다 쿠마라스와미Ananda Coomaraswamy는 "신화는 최후의 진실 바로 직전의 진실이다"라고 말했다. 상상을 사랑하는 사람들에게 상상은 단순히 좋은 것이 아니라 진실로 가는 어떤 방향성이다.

점술적 의미

미스터리, 깊은 본능, 상상력, 이상하고 불온한 에너지, 심령적인 능력, 극단적인 상황에서의 광기, 강력한 예지몽, 동화와 신화, 창조성, 자연적인 주기에 따라가는 것.

역방향

때때로 물러서라는 경고, 불안한 감정을 어떻게 다룰지 모름, 오르락내리락하는 분위기, 태양 또는 태양을 상징하는 다른 카드(예를 들면 막대의 에이스 카드)와 함께 달 카드가 거꾸로 나오면 달의 영향을 받는 시기가 지나가고 삶이 더욱 단순해질 것을 의미함.

❶ 나는 지금 어떤 달과 같은 상태일까? 차오르는 달, 보름달,
지고 있는 달?

❷ 이 상태의 장점은 무엇일까?

❸ 이 상태에서는 무엇이 힘든가?

❹ 어떤 태도로 힘듦을 극복해야 할까?

❺ 앞으로 어떤 달의 상태로 나아가야 할까?

19. 태양 *The Sun*

키워드: 선명함, 행복, 자유

한밤중의 달 아래에서는 모든 것이 이상하고, 반만 보이며 반쯤은 어둠에 잠겨 있다. 그러나 태양이 떠오르면 모든 것이 선명해지면서 어둠 속에서 악한 귀신처럼 보였던 것은 단지 나무라는 진실이 드러난다. 태양 카드는 선명함과 이성적인 마음, 진실에 대한 이해를 상징한다. 태양 카드는 달 카드와 대조를 이루며 악마 카드가 상징하는 어둠 속의 속박에서 완전히 해방되었음을 의미한다. 타로를 카발라적으로 해석하면 메이저 아르카나는 각각의 히브리문자와 연관되어 있다. 태양 카드와 관련된 히브리문자는 '레쉬resh'로, '머리'라는 뜻이다. 특히 우리가 사고하고 판단하는 대뇌피질을 의미한다.

고대 그리스에서 태양을 지배하는 아폴로Apollo는 인류에게 문명을 가져다준 존재다. 아폴로의 여동생인 아르테미스Artemis는 숲과 산을 다스린다. 아폴로는 단순히 이성적인 존재가 아니라 음악과 시를 다스리고 타로를 공부하는 우리에게 무엇보다 중요한 예지력을 다스리는 신이다. 고대에 가장 위대한 신탁의 장소였던 델피Delphi에는 아폴로의 목소리를 직접 전달하는 파티아Pythia라는 무녀가 있었다. 이를 보면 태양 카드는 미묘하게 진실을 말하는 예언자를 나타내기도 한다.

라이더 웨이트 카드의 태양 카드는 전통적인 타로 디자인에서 유래했다. 처음에는 소년과 소녀가 정원의 벽에 함께 있는 것으로 표현되었다. 2번 고위 여사제의 기둥이나 18번 달 카드의 개와 늑대가 반대되는 이미지로 이루어진 것처럼, 태양 카드 속 어린이는 두 명이 조화를 이루었다. 태양 카드 다음에 오는 심판 카드에서 아이는 남자와 여자 사이에 서 있다. 이는 이중성을 극복하고 새로운 자아가 세워졌음을 의미한다. 어째서 두 아이에서 한 아이로 바뀌었을까?

　　아이의 밝은 얼굴은 순수함과 기쁨을 드러내며, 담에서 멀어지려고 움직이는 모습은 자유를 위한 의지를 보여준다. 바보는 아이 같은 단순함으로 회귀한다. 태양 카드의 어린아이는 바보 카드의 바보의 모자에 달린 깃털과 같은 붉은색 깃털을 달고 있으며, 21번 세계 카드 속 춤추는 여자가 두른 띠처럼 보이는 깃발을 흔들고 있다. 바보 카드에 등장하는 개는 '동물의 본능'을 상징하지만, 태양 카드 속 아이가 타고 있는 말은 그 의미를 넘어 영혼의 개방성과 동물적인 본능에 '(웨이트 경의 표현에 의하면)완벽히 순응하는 것'을 상징한다.

　　웨이트 경은 벨기에의 타로 바쿠스 덱(와인의 신이자 교황 카드 같은 존재)에서 영감을 받아 태양 카드를 디자인했다. 그 카드에는 전사처럼 보이는 성인 남성이 승리의 깃발을 흔들며 카드의 중앙을 가로질러 가는 그림이 있다. 라이더 웨이트 카드의 아이는 승리 대신 영적인 빛에 열려 있음을 상징한다. 살아생전에 기독교 신자였던 웨이트 경은 예수의 유명한 명언을 생각했을지도 모른다. "너희가 회심하지 않는다면, 그리고 어린아이같이 되지 않는다면, 하늘의 왕국에 들어가지 못하리라."

태양 카드의 배경은 열한 개의 광선과 열 개의 파도로 이루어져 있다. 그 둘을 합치면 21로, 21번 세계 카드의 숫자와 같다. 태양 카드 위에 써 있는 로마 숫자 19의 오른쪽에 그려진 구불구불한 검은색 선을 보라. 단순히 인쇄가 잘못된 것일까? 아니면 22번째 광선으로서 바보 카드의 존재를 은밀히 나타내는 걸까?

점술적 의미

열려 있음, 행복, 밝음, 기쁨, 단순함, 분명한 생각, 이성적인 마음, 좋은 건강.

역방향

탑 카드와 함께 나오면 '(웨이트 경에 따르면) 정도가 덜하다는 것'과 동의어, 태양은 너무도 밝고 긍정적인 존재이기 때문에 거꾸로 나왔을 때조차도 구름이 살짝 낀 빛을 의미한다, 슬픔이 섞여 있는 행복, 어떤 일이 덜 분명한 상태.

① 어떤 사건이나 상황에서 분명한 것은 무엇일까?

② 이 상황을 흐릿하게 만드는 것은 무엇일까?

③ 내가 명확하게 인식하도록 도와주는 건 무엇일까?

④ 무엇이 나에게 혼돈을 줄까?

⑤ 이 사건이나 상황을 어떻게 하면 단순하게 만들 수 있을까?

20. 심판 *Judgement*

키워드: 엄청난 변화, 회복된 관계, 가정이나 집단의 행복

이 이미지는 중세와 르네상스 때 성경을 묘사한 그림 〈최후의 심판〉이 원본이다. 천사 가브리엘이 나팔을 불어 죽은 자를 살려내고, 몇몇을 천국으로 데려가지만 대다수는 지옥의 불길과 (악마가 들고 있는 삼지창 같은 모양의) 쇠스랑 앞으로 보내진다. 주일학교에서 무서운 설교를 들은 사람들은 심판 카드의 이름과 이미지를 보며 불안함을 느낄 수 있다. 사람들은 심판당하는 것에, 또는 스스로를 심판하는 것에 공포를 느낀다. 어쨌거나 그들은 행복한 결과보다는 불안함을 느끼는데 이는 주일학교 선생님들이 매우 적은 수의 신실한 사람들만이 천국에 갈 수 있다고 말하기 때문이다.

그러나 그림을 보라. 관에서 깨어나 기쁨과 놀라움을 느끼는 여섯 명의 사람이 보인다. 그들은 누구도 심판받지 않았다. 그 누구도 지옥으로 보내지지 않았다. 그 대신 그들이 깨어난 모습이 의식의 변화를 상징한다는 것을 알 수 있다. 오랜 기간 준비한 의식의 변화는 갑작스럽게 일어나기도 한다.

폴 포스터 케이스Paul Foster Case는 웨이트 경의 디자인을 비판했다. 관에서 깨어난 앞의 세 사람으로도 상징은 충분한데 왜 뒤의 가족을 추가했느냐는 것이다. 하지만 내 생각에는 한 사람의 변화는 주변에 있는 모든 사람에게 영향을 미친다는 뜻으로 보인다.

상징적으로 '충분하다'는 것은 무엇일까? 메이저 아르카나에는 양면성을 상징하는 이미지들이 있다. 이를테면 연인 카드에는 남성이 오른쪽에, 여성이 왼쪽에 있다. 카드를 세 그룹으로 나누었을 때 6번 연인 카드 아래에는 13번 죽음 카드가 있고 그 아래에는 20번 심판 카드가 있다. 사랑, 죽음, 부활의 구조다. 마지막 카드인 심판에서는 남녀의 위치가 바뀌어 있으며 여성은 하늘의 세계와 연결되어 있다. 연인 카드에서 이브는 천사 라파엘을 바라보고 있으며, 심판 카드에서 여성은 팔을 벌리고 가브리엘이 연주하는 부활의 트럼펫 소리를 받아들이고 있다.

심판 카드에서는 새로운 이미지도 등장한다. 태양 카드처럼 아이가 팔을 활짝 펼치고 서 있는 모습이다. 아이의 얼굴은 보이지 않지만 이것은 이전의 경험을 뛰어넘은 '완전히 새로운 것'을 상징한다. 우리는 아이의 성별조차 알 수 없지만 새로운 자아는 성별도 초월한다.

웨이트 경은 나팔이 종말론적 상징이 아니라 영적인 변화의 상징이라고 말했다. "트럼펫 소리는 우리 내면의 본능적인 울부짖음이 밖으로 울려 퍼진 것"이라고. 심판 카드의 숫자 20은 2와 0의 조합이고, 이것을 더하면 2가 된다. 2번 고위 여사제의 장막 뒤에는 무의식을 상징하는 물이 흐르고, 새로 태어나기 전의 자아는 그 물을 따라 바다로 흘려보내진다.

타로 리딩 중에 이 멋진 카드가 나온다면, 이미 일어나고 있을지도 모르는 위대한 변화에 대해서 말하는 것이다. 타로 리딩을 받는 사람의 삶 주변에서 변화의 트럼펫 소리가 들리고 있으며, 모든 것은 달라질 것임을 의미한다. 현재의 도전은 이 새로운 변화를 인식하고 믿는 것에서 시작된다.

점술적 의미

신선한 시작, 거의 끝난 것 같은 로맨틱한 관계 또는 가족 관계의 재구성, 내부에서 일어난 큰 변화를 외부적으로 인식하는 것, 가족이나 집단의 축하.

역방향

변화나 새로운 기회를 거부하게 만드는 공포나 의심, 변화의 나팔이 울리고 있지만 그것을 믿지 않을 때.

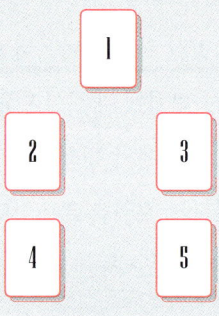

❶ 무엇이 나를 깨어나게 하고 새롭게 변화시킬까?

❷ 그 변화로 나는 어떻게 될까?

❸ 내 인생은 어떻게 변화하게 될까?

❹ 나의 변화는 다른 사람에게 어떤 영향을 미칠까?

❺ 나는 어떻게 기도에 응답받을 수 있을까?

21. 세계 *The World*

키워드: 성공, 충족, 위대한 이해

메이저 아르카나의 마지막 카드인 21번 세계 카드는 스미스 여사가 그린 위대한 그림 중 하나다. 이 카드는 승리를 상징하는 최고의 카드이자 마지막 카드다. 7번 전차, 14번 절제, 21번 세계 카드 중에서 말이다. 세계 카드 속 여성은 승리를 상징하는 월계관 모양의 리스 안에서 춤을 추고 있다. 악마의 쇠사슬에 묶여 있던 자아는 이제 완전히 자유로워졌다.

10번 운명의 수레바퀴 카드 구석에 만화처럼 그려져 있던 네 가지 형상이 여기서는 좀 더 현실적으로, 우아하게 그려져 있다. 이 네 가지 형상은 네 개의 별자리와 사계절을 상징하는데 황소자리를 상징하는 황소는 봄을, 사자자리를 상징하는 사자는 여름을, 전갈자리를 상징하는 독수리는 가을을, 물병자리를 상징하는 바퀴 안의 천사는 겨울을 상징한다. 구름 속에 나타난 네 개의 형상은 머리만 보이는데 머리는 인식을 상징하며 구름은 평범한 자각 너머의 세계를 나타낸다. 마이너 아르카나의 에이스 카드도 구름 속에서 손이 나타나 4원소를 상징하는 물건 중 하나를 건넨다. 그 물건들은 1번 마법사 카드의 테이블에 놓여 있던 막대, 컵, 칼, 동전이다. 1번 마법사 카드와 21번 세계 카드는 바보의 여정의 시작과 끝이며, 마이너 아르카나의 네 개의 원소와 미묘하게 연결되어 있다.

메이저 아르카나 카드의 인물들은 거의 앉아 있거나 무릎을 꿇고 있는 자세인데 오직 0번 바보 카드와 21번 세계 카드만이 팔을 내놓고 춤을 추고 있다. 바보 카드와 세계 카드는 시작과 끝을 상징하면서 서로 연결되어 있다. 세계 카드에 그려진 승리의 리스는 바보 카드의 숫자인 0의 형태이며, 세계 카드 속 여성이 두르고 있는 빨간 띠는 위아래로 연결되어 무한대를 만든다. 이것은 "하늘에서와 같이 땅에서도 그러하다"를 뜻한다. 바보 카드 덕분에 우리는 어떤 숫자든 0으로 나누면 결과는 항상 무한대라는 사실을 떠올릴 수 있다.

바보 카드는 젊은 남성이지만 남성성과 여성성을 모두 갖고 있다. 사실 스미스 여사가 그린 타로 속 인물은 대개 이러한 성향을 보인다. 21번 세계 카드 속 춤추는 사람은 여성으로 보이지만, 전통적으로는 남성과 여성이 한 몸인 존재로 남성과 여성의 생식기를 장식 띠 아래에 숨기고 있는 것으로 묘사된다.

바보 카드가 아직 알려지지 않은 가능성을 묘사한다면, 세계 카드는 모든 것이 충족된 상태를 묘사한다. 바보 카드는 순수함을 나타내고 세계 카드는 지혜로움을 나타낸다. 숫자 21은 숫자 2인 고위 여사제와 숫자 1인 마법사를 포함하는 숫자다. 세계 카드 속 춤추는 사람은 마법사가 들고 있는 막대 두 개를 양손에 들고 있으며, 그 막대는 2번 고위 여사제 카드에 있는 두 개의 기둥처럼 보이기도 한다. 그녀는 미래를 향해 춤추면서 어깨 너머로 과거를 돌아본다.

이 카드에서 가장 인상적인 점은 모든 상징이 우아하고 자연스럽게 표현되었다는 것이다. 카드를 보면서 우리는 자신에 대한 진실을 자연스럽게 느낄 수 있다. 이것이 바로 타로 리딩의 위대한 비밀이다. 자연스럽게 타로카드에 빠져드는 것 말이다.

점술적 의미

성공, 극복, 위대한 이해, 충족, 전체와 자유, 때때로 외부 세계를 인식하는 것을 의미하기도 한다.

역방향

실패보다는 정체나 지체된 상태, 삶이나 상황이 좀 더 구조적이며 안정적으로 변함, 갑작스러운 변화를 소극적으로 받아들임.

· 세계 카드를 위한 스프레드 ·

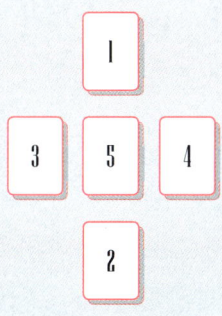

❶ 나는 어디에서 왔을까?

❷ 나는 어디로 가고 있을까?

❸ 무엇이 나를 붙잡고 있을까?

❹ 나는 다른 사람에게 무엇을 주고 있을까?

❺ 어떤 새로운 것이 나를 기다리고 있을까?

마이너 아르카나

The Minor Arcana

메이저 아르카나가 바보 카드의 위대한 여정에 관한 이야기라면 마이너 아르카나는 네 가지 원소Suits(슈트)에 관한 만화경 같은 이야기를 보여준다. 마이너 아르카나는 각 원소의 특별한 성질과 연결된 열 개의 숫자 카드와 네 개의 코트 카드Court Card로 구성되어 있다. 슈트로 이루어져 있기에 슈트 카드라고도 부른다.

카드 게임을 생각해보자. 대부분의 게임에서 네 개의 클로버는 네 개의 스페이드와 같은 역할을 한다. 그러나 타로에서 막대 4 카드는 칼 4 카드와 매우 다르다. 숫자는 같지만 가지고 있는 원소의 속성이 그들의 에너지를 다르게 결정한다. 이것들이 모인 마이너 아르카나 56개는 우리 삶의 장면과 성격을 나타낸다.

마이너 아르카나는 두 개의 세트로 구성된다. 첫 번째 세트는 에이스부터 10까지의 숫자 카드인 핍 카드Pip Cards이고 다른 세트는 시종, 기사, 여왕, 왕으로 이루어진 코트 카드다. 대부분 책에서는 막대 카드의 에이스부터 왕 카드까지 한 번에 설명하지만 나는 코트 카드가 실제 인물을 가리킬 수도 있다는 사실을 깨달았기 때문에, 두 세트를 따로 살펴봐야 한다고 생각한다. 각 슈트 카드의 성격은 두 그룹의 교집합이다. 막대

4가 숫자 4의 속성과 막대의 속성을 둘 다 가지는 것처럼 막대의 여왕은 맹렬한 막대의 성격과 막대 세계 속 자신만만한 여왕의 성격을 모두 보여준다.

마이너 아르카나의 숫자 카드와 코트 카드를 살펴보기 전에 우리는 그들이 공통적으로 가진 4원소를 이해해야 한다. 불, 물, 공기, 흙이라는 전통적인 4원소를 파악하는 것이다. 생명을 네 가지 원소로 나누는 것은 수천 년 전부터 시작되었으며 점성학과 연금술을 포함한 많은 학문에서도 공통적으로 발견된다. 앞에서 소개한 메이저 아르카나에서도 점성학의 요소들을 찾아볼 수 있다. 라이더 웨이트 카드에서 막대는 불, 컵은 물, 칼은 공기, 동전은 땅에 속한다.

불은 창조의 불꽃, 따뜻함, 행동, 에너지, 자신감을 상징한다. 물은 사랑과 관계된 감정과 관계, 상상, 직관, 가족을 상징하고 공기는 실제 공기처럼 우리가 볼 수는 없지만 우리에게 꾸준히 영향을 미치는 정신을 상징한다. 우리의 정신은 명상할 때는 차분하지만 태풍 속의 분노처럼 격렬해지기도 한다. 타로에서는 정신을 칼로 표현하는데, 칼의 이미지처럼 마음속 갈등이나 슬픔을 주로 상징하는 경향이 있다. 흙은 단단함과 안정을 상징한다. 흙은 돈이나 일과 관련이 깊은데, 슈트 카드에서는 동전으로 표현되며 자연을 뜻하기도 한다. 동전은 원 안에 든 오각의 별로 표현되어 있는데, 오각의 별은 자연을 바탕으로 한 마술 숭배인 위카Wicca의 상징이기도 하다.

슈트 카드 속 원소의 성격은 다음과 같다.

막대	불, 남성적 에너지, 행동, 긍정성, 성적 욕망, 모험, 힘이 넘침, 경쟁.
컵	물, 여성적 에너지, 감정, 사랑, 관계, 상상력, 행복, 슬픔, 가족.
칼	공기, 마음, 정신적 활동, 갈등, 영웅주의, 슬픔, 정의와 불의.
동전	흙, 신체, 자연, 일, 돈, 소유, 안전.

이러한 성질들은 분리하지 말고 통합해서 생각해야 하며, 서로 의미가 충돌하면서 변화하기도 한다. 리딩을 통해 배워야 할 가장 중요한 점은 카드의 조합과 패턴은 무한하다는 것

이다. 막대와 컵은 긍정적이고 낙관적인 느낌이고 칼과 동전은 더 어두운 느낌이며 해석하기가 쉽지 않다. 또한 막대와 동전은 드러나는 행동과 사건을 나타내는 반면, 컵과 칼은 무형의 감정과 생각을 나타낸다.

1을 뜻하는 에이스부터 10까지의 숫자로 이루어진 핍 카드를 해석하는 방법은 더 다양하다. 따로따로 보기도 하고 그룹으로 보기도 하지만 그 어떤 해석보다도 리딩하는 사람에게 먼저 다가오는 그림을 통해 그 의미를 이해해야 한다. 나는 막대 2, 컵 2, 칼 2, 동전 2의 네 가지 카드를 묶어서 살펴보는 것에 매료된 적이 있다. 이렇게 카드의 주제와 에너지, 숫자로 카드를 살펴볼 수 있다.

이러한 연습은 원소의 속성과 카드가 가리키는 주제가 때때로 다르다는 점 때문에 무척 매력적이다. 우리는 날아가는 막대가 그려진 막대 8 카드, 컵을 두고 달 아래 언덕을 올라가는 사람이 있는 컵 8 카드, 동전 하나하나를 조용히 끌로 다듬는 동전 8 카드에서 이를 확인할 수 있다. 묶인 채 칼 앞에 서 있는 여인이 그려진 칼 8 카드는 어떠한가? 누군가 당신을 묶고 눈을 가리고 주변에 칼을 꽂아서 움직일 수 없게 해놨다면, 그 순간 당신 삶에서 가장 중요한 문제는 바로 '이동'이 아닐까?

카드의 의미에 절대적인 진실은 없다. 마음에 따라 카드를
배열하고 당신이 관찰한 결과를 살펴보라.

에이스   슈트의 순수한 에너지이자 영혼의 선물. 각 슈트의 에
이스 카드는 구름 속에서 나타난 손이 슈트의 엠블럼
을 쥐고 있는 것으로 묘사된다. 마치 우리가 손을 뻗
어 그것을 가져가야 할 것처럼 보이기도 한다. 열 개
의 숫자 중에서 가장 단순하다.

2   선택이나 균형을 찾는 시도. 막대 카드는 안전과 모
험 중에서 하나를 선택하라고 말하고, 컵 카드는 관
계에서 균형을 잡을 것을 요구한다. 칼 카드는 마음
속의 눈가리개 때문에 선택을 거부하는 상황을 상징
하고, 동전 카드는 무한함을 나타내는 고리 속에서
삶의 방향을 찾아야 한다고 말한다.

3   원소의 에너지를 통해서 꽃을 피우거나 창조함. 막
대 카드에서는 근원을, 컵 카드에서는 우정을, 칼 카

드에서는 마음의 상처를, 동전 카드에서는 어떤 분야의 장인이 되는 것을 상징한다.

4 구조를 뜻한다. 막대 카드는 단순한 나무 그늘(불은 구조화되고 안정적인 것을 좋아하지 않는다), 컵 카드는 새로운 도전에 대한 망설임, 칼 카드는 편안함 속으로 후퇴하는 상황, 동전 카드는 삶을 지키거나 정의하기 위해 돈을 소유하거나 사용하는 것을 상징한다.

5 삶의 어려움. 막대 카드는 갈등에서 에너지를 얻는 맹렬한 감정, 컵 카드는 슬픔에 젖음, 칼 카드는 수치스러운 패배로 괴로워함, 동전 카드는 다리를 절뚝거리며 맨발에 무일푼으로 눈 속을 걷는 커플의 모습인데 이 충격적인 주제는 카발라의 유명한 상징인 '생명의 나무'에서 왔다. 생명의 나무는 동전 카드에서 등장하며, 동전 카드에서도 위쪽의 모습이 그려져 있다. 생명의 나무에서 다섯 번째 자리는 가혹함의 자리로, 5의 카드들은 어려움을 겪는 상태일 때주로 나온다.

6   각각의 카드에서는 한 사람이 다른 사람에게(컵 카드), 또는 한 쌍의 사람에게(칼 카드와 동전 카드), 또는 전체 그룹에게(막대 카드) 우월한 자리에 위치해 있다. 이 위치에 있는 사람들은 주변의 사람에게 관대하다. 막대 카드에서 말을 탄 사람은 주변에 서 있는 사람들에게 자신의 긍정성과 자신감을 나누어준다. 컵 카드에서는 나이 많은 사람이 더 어린 사람에게 꽃을 준다. 칼 카드의 남자는 칼이 꽂힌 배를 저어 배에 탄 인물들을 수송해준다. 동전 카드는 자선의 이미지를 보여준다.

7   행동하는 것 또는 행동에 대해 생각만 하는 것. 막대 카드의 인물은 그가 다른 이를 지배해야 한다는 것을 알고 있다. 컵 카드에서는 가능성에 대해 공상하고, 칼 카드의 인물은 칼을 한가득 안고 어딘가에서 나오고 있다. 동전 카드의 농부는 자신의 정원을 보며 (그의 표정을 어떻게 읽느냐에 따라 달라지겠지만) 만족하거나 걱정하고 있다.

8   움직임. 막대 카드는 공기 중을 날고 있고 컵 카드의 남성은 컵을 뒤로하고 떠난다. 눈을 가린 칼 카드의 여성은 움직이기가 어렵고 동전 카드의 장인은 기술을 연마하여 동전 하나하나를 만들어내고 있다.

9   강렬함, 높은 수준의 원소. 막대 카드는 용기와 힘을, 컵 카드는 만족을 보여주며, 칼 카드는 슬픔을 나타낸다. 동전 카드는 성공으로 가기 위한 단련을 의미한다.

10   과잉. 막대 카드에서 책임감의 무게는 카드 속 인물의 등을 휘게 만든다. 컵 카드는 가족의 행복을 축하하고 있으며, 칼 카드는 괴로워하고 있다. 동전 카드는 멋진 삶을 살고 있지만 그들의 물질적인 삶 밖의 마법 같은 풍경은 보지 못할 수도 있다.

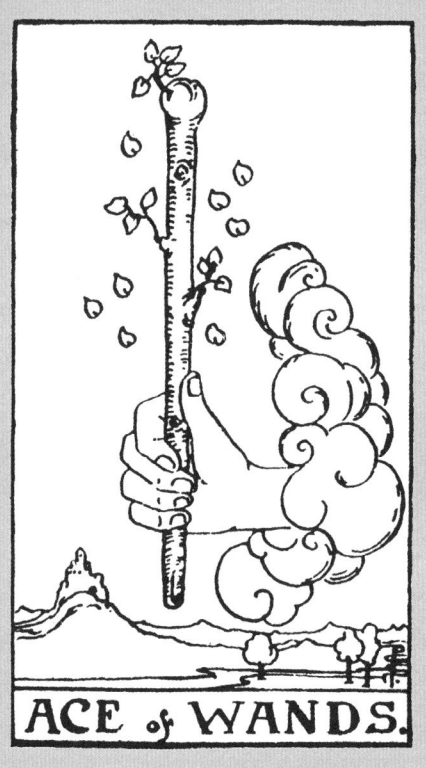

ACE of WANDS.

막대의 에이스 *ACE of Wands*

원소: 불

테마: 슈트의 순수한 에너지, 선물

회색의 구름 위로 하얀 손이 나타나 살아 있는 나무 막대를 꼭 쥐고 있다. 회색빛 하늘 저 멀리에는 회색 성이 보인다. 막대는 칙칙한 회색의 세상에 밝고 신선한 생명을 주는 듯하다. 흥미롭게도 숫자 2번의 카드에도 회색 하늘이 등장한다. 3번 카드 속 하늘은 올리브색이며, 4번 카드 속 하늘은 금색이고 왕이 등장하는 카드에는 현실적인 파란 하늘이 그려져 있다.

막대의 에이스는 불의 선물이자 삶 그 자체이며, 없으면 아무것도 생기지 않는 기본적인 에너지다. 성기 모양의 막대는 남성의 성적 정체성과 능력을 상징하기에 임신을 시도하는 커플에게는 좋은 의미의 카드일 수 있다. 일반적으로는 삶의 활력이라고 이해하면 된다. 마이너 아르카나의 첫 번째 슈트의 첫 카드인 막대의 에이스는 시작과 첫 번째 충동을 의미하기도 한다.

막대에서는 나뭇잎 여덟 개가 떨어지고 있는데, 8은 힘을 가리키는 숫자다(메이저 아르카나 8번 힘 카드). 그 모양은 미묘하게 히브리어 요드와 닮았다(요드는 16번 탑 카드와 컵의 에이스, 그리고 칼의 에이스에서도 볼 수 있다). 요드는 순수한 힘을 상징한다. 슈트의 끝에서 하나의 막대는 점차 늘어나 열 개의 짐이 되지만, 막대의 에이스에서는 그저 순수하게 행동하려는 욕망일 뿐이다.

점술적 의미

에너지, 삶, 건강, 힘이 넘침, 열정적 시작.

역방향

주저함, 지연, 의심, 새로운 것을 시작할 때가 아님, (남성에게) 성생활 관련해서 문제가 있을 수 있음(질문과 다른 카드들에 따라 해석이 다르므로 리딩 시 질문과 함께 나온 카드를 살펴보자).

막대 2 *Two of Wands*

원소: 불

테마: 선택, 균형

한 남자가 성곽에 서 있다. 그의 옷을 보면 귀족이라기보다 성공한 상인처럼 보인다. 그는 마치 세계를 정복한 것처럼 지구본을 들고 있는데, 지금의 세계에 만족하지 못하고 더 큰 세상으로 나아가려는 듯 보인다. 그는 지금의 세계에 머무를 것인가, 위험을 감수하고 새로운 경험이 줄 이익을 찾아 나설 것인가?

그는 준비가 되었다는 듯이 막대를 잡고 있지만, 다른 막대는 성벽에 빗장처럼 남아 있다. 그를 붙잡고 있는 것은 그의 현재 삶이자 책임감, 가족, 특권일 것이다.

웨이트 경은 막대 2 속의 인물이 '알렉산더 대왕의 슬픔'을 가지고 있다고 묘사했는데, 알렉산더 대왕은 더 정복할 세계가 없음을 슬퍼한 사람이기 때문이다. 아마 그는 너무 위대하거나 가혹한 사람, 또는 둘 다일 것이다. 자신만의 작은 세계가 이룬 성공과 권력 바깥에 더 나은 삶이 있다는 것을 잘 알지만, 다른 삶을 위해 얼마나 위험을 감수할 수 있을까? 그는 자신이 이룬 모든 것과 책임감에서 벗어나 막대 1 카드가 가진 모험의 욕망을 실현시킬 수 있을까? 왼쪽 돌 위에는 장미와 백합이 교차하는 엠블럼이 있는데, 이 꽃들은 마법사 카드의 나무 그늘 아래 있던 것과 같다. 이 엠블럼은 욕망의 순수함을 상징한다.

점술적 의미

안전함과 모험 중에서 선택, 리스크가 있는 일, 갇혀 있는 느낌이 드는
성공.

역방향

새로운 삶의 영역으로 옮겨감, 선택의 결과물, 흥분되면서도 긴장됨.

막대 3 *Three of Wands*

원소: 불

테마: 슈트의 에너지가 피어남

사람들은 종종 막대 2 카드와 막대 3 카드의 차이를 묻는다. 두 카드 모두 높은 곳에 서서 물 건너편을 바라보는 남자가 있으며 둘 다 막대를 잡고 있다. 미묘한 차이가 있다면, 막대 2의 남자는 막대 하나를 잡고 있는데 잡고 있지 않은 나머지 막대는 성곽의 빗장이다. 반면에 막대 3 카드에서는 막대 세 개 중 두 개가 뿌리박힌 것처럼 서 있다. 막대 2의 남자는 성의 담벼락에서 밖을 보고 있는데, 막대 3의 남자가 서 있는 탁 트인 곳은 경비도 없고 쉬는 곳도 아닌 것 같다. 그가 입은 옷을 보라. 부유해 보이나? 기워 입은 자국이 보이는가? 아마도 그는 막대 카드의 모험욕과 가능성을 위해 기꺼이 모든 위험을 감수하는 상태인 것 같다. 그리하여 원소의 에너지가 피어나고 강력해진다.

　등지고 선 그의 얼굴은 20번 심판 카드 속 아이처럼 주의 깊게 감춰져 있다. 이것은 새롭고 알려지지 않은 세계를 상징한다. 어린아이와 달리 그는 혼자 서 있는데, 이는 새로운 기회는 때때로 파트너나 누군가의 도움 없이 이루어진다는 것을 상징한다. 언덕에 홀로 있는 그의 모습은 9번 은둔자 카드와 비슷하지만 0번 바보 카드도 떠오르게 한다.

　그의 발아래를 자세히 보라. 물 위를 오가는 배들이 보이는가? 배의 크기는 그가 매우 높은 곳에 서 있음을 나타내며, 세상에서 얼마나 멀리 떨어져 있는지를 보여준다. 누군가는 그가 배를 잃어버린 듯하다고도 말한다. 또한 그가 자신의 일에서 손을 떼었기 때문에 벌어진 일로 보기도 한다. 그러나 그의 명령 아래 움직이는 배들은 그의 것이다. 스스로에게 물어보라. 배는 항해를 하러 나가는 걸까? 아니면 돌아오고 있는 걸까?

점술적 의미

홀로 삶의 길을 찾고 있음, 모든 능력을 한 가지에 쏟아라, 관계에 집중하지 않으면 몰두하기 힘들다.

역방향

역경의 끝, 다른 사람과 함께 사업을 하거나 파트너십을 맺을 수 있다.

막대 4 *Four of Wands*

원소: 불

테마: 구조

이 카드는 많은 사람들이 행복을 느끼는 타로카드 중 하나다. 이 카드가 가진 긍정성 때문에 웨이트 경은 "막대 4는 역방향이어도 그 의미가 변하지 않은 채로 남아 있다"라고 말했다. 카드 속에는 여러 명의 축복하는 무리가 보인다. 앞쪽 두 인물은 부케를 높이 들고 있으며 그들 뒤의 사람들은 춤을 추고 있다. 줄로 묶인 막대 네 개는 꽃으로 장식되어 있어서 유대교의 결혼식에 사용하는 캐노피를 연상시킨다. 이 카드가 6번 연인 카드, 컵 2 카드, 5번 교황 카드(교황은 결혼을 공식적으로 승인하는 사람이다)와 함께 나오면 결혼을 암시할 수 있다. 이 카드를 결혼의 의미로 보는 것을 거부하는 사람들도 있는데, 앞의 두 인물이 여성으로 보이기 때문이다. 그림 속 커플의 성별을 구별하기 어려운 것은 스미스 여사의 독특한 스타일이지만 이러한 성별의 구분은 점점 덜 중요하게 인식될 것이다. 원작자의 의미가 무엇이든 타로카드의 의미는 시대에 따라 변화한다.

숫자 4는 안정적인 구조를 환기시키지만, 불의 자연적인 성질은 안정을 거부한다. 여기에 생명의 나무에서 네 번째 위치한 자비를 더하면, 4는 팽창을 상징한다. 원래 4라는 숫자는 가장 단순하게 구현할 수 있는 구조다. 그들은 복잡하고 단단한 구조인 회색 벽의 도시를 떠나 막대 4로 이루어진 단순한 구조 아래에서 결혼식을 올린다. 이는 작은 파티처럼 단순한 일이 아주 중요한 의미를 가진다는 것을 상징한다. 회색 벽돌로 이루어진 16번 탑 카드와 이 카드를 나란히 놓고 카드 속 사람들을 보면 한 사람은 빨갛고 다른 사람은 파랗게 칠해진 것이 비슷하다고 느낄 것이다. 파랑은 남성성을 상징하며 빨강은 여성성을 상징한다. 16번 탑 카드와 이 카드가 나란히 나오면, 폭발하기 전에 어려운 상황에서 뛰쳐나오라고 제안할 수 있다. 20번 심판 카드와 함께 나오면, 중요한 인물의 자유가 주변 사람들에게 기쁨을 준다는 의미가 된다.

점술적 의미

다른 사람과 함께 축하하며 기쁨을 나누다, 결혼의 가능성, 질병 및 어려운 상황에서 해방됨.

역방향

웨이트 경에 따르면 큰 틀에서의 의미는 바뀌지 않는다, 번영, 전원 속의 삶, 지연된 축하.

막대 5 *Five of Wands*

원소: 불

테마: 어려움

불의 원소는 생명력과 긍정적인 생각에 불을 붙인다. 거기에 어려움을 의미하는 숫자 5가 더해지면 투쟁이 된다. 5는 우리를 시험하며 강하고 현명하게 만들어준다. 니체가 말한 유명한 격언인 "우리를 죽이지 않는 것은 우리를 강하게 만든다"는 어려운 상황에 맞닥뜨린 불 원소의 신조다.

막대 4에서 축하하던 무리는 막대를 가지고 싸우는 다섯 젊은이의 갈등 때문에 무너졌을까? 이 카드가 나오면 자기 자신 또는 카드 리딩을 받는 사람에게 어떤 상황으로 보이는지 물어보아야 한다. 그들은 싸우고 있는가? 그렇다 한들 그 누구도 다친 것처럼 보이지는 않는다. 어린아이들이 칼 대신 나무로 싸우면서 노는 것을 연상시킨다. 이 카드는 자연스러운 갈등이나 경쟁을 상징할 수 있다.

누군가는 그들이 뭔가 지으려 한다고 말한다. 그렇다면 불의 에너지가 협동에 어려움을 줄 수 있다. 때문에 이 카드는 조직이 가진 무질서한 에너지를 나타낸다.

점술적 의미

악의 없는 경쟁, 조직화하거나 방향을 찾아야 하는 긍정적인 상황에서의 혼란한 에너지, 방향이 분명하지 않은 열의.

에너지를 집중하거나 열정의 방향을 찾는 생산적인 배움, 일터 등의 경쟁적인 장소에서 타로 상담을 받는 사람이 모르는 사이에 지저분하거나 비윤리적인 일이 벌어지는 상황.

막대 6 *Six of Wands*

원소: 불

테마: 동등하지 않은 관계, 관대함

막대 5는 동등한 관계의 사람들에게 열정적이고 혼란한 에너지를 주었으나 무언가 끝마치지 못한 상태를 나타냈다. 막대 6의 동등하지 않은 관계는 긍정적인 막대의 에너지에 이끌려 따르는 자가 생기고 그들을 이끄는 리더가 생긴다는 의미다. 사람들이 행렬을 따라 걸을 때 리더는 장식용 천을 두른 말을 타고 있다. 막대 5 카드에서는 다들 키가 비슷했지만 막대 6의 리더는 사람들보다 위에 있으며 자신의 우월함을 뽐내고 있다. 여기서 관대함을 보여주는 것은 다른 이들이 그의 자신감을 따르며 조직되었다는 점이다.

황금새벽회의 헤르메틱 카드에서는 마이너 아르카나에 각각의 이름을 주었는데, 막대 6은 '승리'라고 이름 붙였다. 남자의 머리 위에, 그리고 막대 위에 두 개의 월계관 장식이 달려 있는 것을 볼 수 있다. 그는 이미 무언가를 정복했을까? 아니면 그의 자부심이 승리를 당연시하고 있는 걸까? 웨이트 경은 이 이미지를 '희망의 왕관', '열망의 왕관을 쓴 기대'라고 표현했다. 그러므로 이 카드는 당신이 찾는 것을 얻을 것이며, 단지 그것을 얻는 것을 넘어 궁극적으로 승리할 것을 기대해도 좋다는 의미다.

어떻게 자신감을 키울 수 있을까 고민할 때 이미 자신감에

차 있는 것처럼 행동하는 건 별로 좋은 방법이 아닐 수도 있다. 이 카드는 그렇게 행동하라고 말하는 것이 아니라 단지 가능할 수도 있다는 것을 보여준다. 우리는 이 카드의 이미지를 체화하고 흡수하여 자신감과 리더십을 기를 수 있다.

점술적 의미

자신감, 성공, 긍정성, 리더십, 따르는 자를 모으는 능력, 스스로가 미리 예상하는 승리.

역방향

부정, 비관주의, 자기 의심, 자신을 바로 세우는 것에 대한 어려움, 좀 더 긍정적으로 해석하면 당신을 따르는 사람은 필요 없으니 당신 스스로의 길을 가라는 뜻.

막대 7 *Seven of Wands*

원소 : 불

테마 : 행동

가장 활동적인 슈트 카드인 막대 카드는 그림 속 인물들도 활동적이다. 높은 언덕에 서서 전투를 치를 준비가 된 것처럼 막대를 들고 있는 남자의 모습에서 에너지가 넘친다. 많은 사람들은 그의 자세 때문에 아래에 있는 막대들이 그를 공격하는 것이라고 보기도 한다. 마치 막대 6에서 리더인 그를 따르던 사람들이 이제 그에게 대항해 열렬한 시위라도 하는 것처럼 말이다.

그러나 또 다른 해석도 존재한다. 이 그림 속 인물은 다른 카드 속 사람들보다 표정이 훨씬 풍부하다. 이 표정은 정확히 무엇을 나타낼까? 결심? 분노? 공포? 흥분? 타로 상담을 받는 사람에게 이 질문을 던지며 그 사람이 그림을 어떻게 묘사하는지 들어보자. 특히 남자의 표정을 물어보자. 서둘러 아무거나 신고 온 것처럼 짝이 맞지 않는 신발을 보라. 이런 정리되지 않은 모습은 그가 고군분투하느라 위기 상황을 맞았다는 것을 보여준다. 이 카드는 많은 이들이 처한 삶의 모습과 닮은 불편한 진실을 말한다.

모든 카드는 장점과 함께 단점도 담고 있다. 막대는 에너지와 긍정을 가지고 있지만 불은 안정적인 것을 싫어해서 계획을 세우거나 어떤 것을 결정하는 데 어려움을 겪을 수 있다.

그림 속 남자가 정말 투사라면, 그는 계획이나 해결책 없이 동시에 여섯 개의 싸움에 매달리고 있는 것일지도 모른다.

점술적 의미

역동적인 힘, 공격적이거나 방어적인 위협, 한꺼번에 너무 많은 것에 에너지를 쏟는 사람은 그 어떤 것도 해결하기가 쉽지 않을 것이다.

역방향

너무 일이 많아 어쩔 줄 모를 정도로 체계적이지 못함, 그러지 않으려면 한 번에 하나씩 문제를 해결해야 한다.

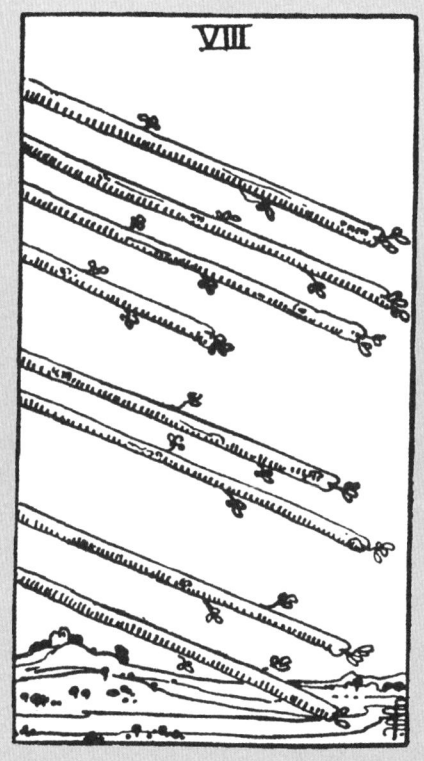

막대 8 *Eight of Wands*

원소 : 불

테마 : 움직임

막대의 에이스 카드에는 몸이 없는 손만 그려져 있다. 이 막대 8 카드에는 손도 등장하지 않는다. 사람의 신체가 전혀 등장하지 않는 카드인 것이다. 우리는 18번 달 카드와 10번 운명의 수레바퀴 카드에 그려진 동물들을 신화적인 존재로 이해한다. 그런데 이 카드에는 동물도 등장하지 않으며 배경 속에 흩어져 있는 나무들만 존재한다.

움직임이란 테마는 불타는 막대 카드와 잘 어울린다. 불의 에너지가 너무 큰 나머지 이 카드 속에서는 사람이 보이지 않는다. 여기에조차 혼돈도 존재하지 않는다. 막대들은 나란히 한 방향을 향해 가고 있다. 잎의 위치는 그들이 왼쪽에서 오른쪽으로 지면을 향해 날아가고 있음을 보여준다. 왼쪽은 전통적으로 잠재력을 상징하고 오른쪽은 현실을 뜻한다. 땅을 향한 움직임은 사건이 곧 어떤 결실을 맺으리라는 것을 뜻한다. 가능성은 현실이 되며, 평화로운 풍경은 긍정적인 결과를 나타낸다.

막대 8 카드가 나오면 '어차피 일어날 일은 일어난다'고 해석하기 때문에 카드 리딩을 받는 사람이 굳이 고민할 필요가 없다고도 보는데 이는 사안에 따라 차라리 편안할 수도 있고 계속 불안할 수도 있다.

전통적인 해석에 따르면 막대는 '사랑의 화살'이라고 불린다. 타로 상담을 받는 사람은 '사랑의 화살'을 보내는 사람인가, 받는 사람인가? 이 카드의 긍정적인 의미를 바탕으로 해석해보면 어느 쪽이든 화살은 그 사람의 마음에 닿아 환영받을 것이다.

점술적 의미

긍정적인 움직임, 조직화, 좋은 결과를 만드는 신속한 움직임, 사랑이나 작은 욕망의 메시지 또는 표현.

역방향

지연, 집중력 부족, 결과물을 낼 수 있는 신중한 계획, 다른 문제 있는 카드와 함께 나오면 관계를 위험에 빠뜨릴 수 있는 질투의 화살.

막대 9 *Nine of Wands*

원소: 불

테마: 강렬함, 높은 수준

이 카드는 막대 7 카드와 닮았다. 막대 9 카드 속의 남자는 용감하게 맞서다 맞고 말았지만, 아직 자신에게 가장 중요한 것을 지킬 준비가 되어 있다. 막대 7 카드처럼 해결책은 보이지 않고 그의 전쟁에는 힘이 더 필요해 보인다. 막대 카드는 숫자가 높아질수록 체계적이기 어렵고, 문제를 풀기 위한 대안을 찾기 어려우며, 용기와 힘에 의존하고, 기꺼이 문제를 떠맡으려고 하는 불의 속성이 두드러진다.

이 카드가 나오면 타로 상담을 받는 사람이나 우리 자신에게 등 뒤의 막대가 무슨 의미를 지니는지 물어보자. 그가 어깨 너머로 보고 있는 것은 이미 그를 한 번 패배시켰던 문제나 적일 수도 있다. 그러나 남자 바로 뒤의 틈을 보면, 그가 손에 들고 있는 막대 역시 뒤에 세워져 있던 것으로 보인다. 우리는 그 막대를 보며 문제 역시 그 자신의 것임을 파악할 수 있다. 막대는 그의 무기이기도 하지만 역으로 그를 공격하는 에너지이기도 한 것이다.

이 그림은 긴장을 상징한다. 그가 잡고 있는 막대는 그의 어깨를 구부정하게 만들 뿐만 아니라 심장과 폐를 덮고 있어 감각을 둔하게 하고 숨 쉬기 어렵게 만든다. 머리의 붕대는 심리적 상처를 가리키는데, 그가 삶의 문제를 해결하느라 치른 대가라 할 수 있다.

점술적 의미

당신을 공격하는 지속적인 문제 상황에 대항하는 힘, 용기, 능력, 방어적인 상태, 긴장.

역방향

약하지만 방어적인 태도를 포기함, 꾸준히 싸우기보다는 대안적인 해결책을 찾을 의지가 있음, 다른 사람의 요구와 관점에 열려 있음.

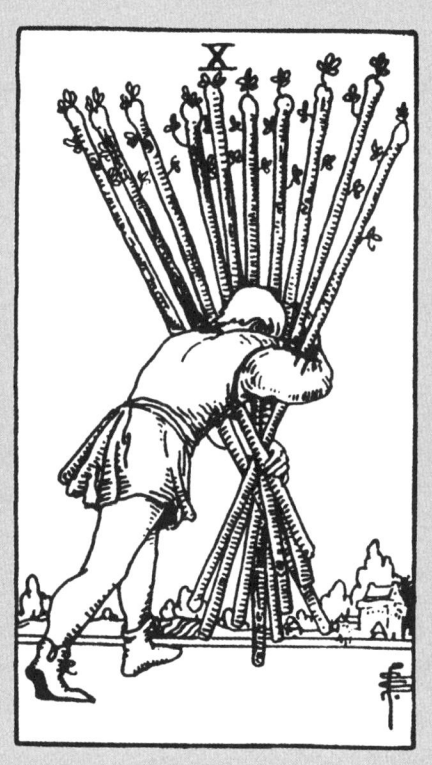

막대 10 *Ten of Wands*

원소 : 불

테마 : 과잉

막대 카드에서 불이 커지면 결국 부담스러울 수밖에 없다. 에이스의 열정은 막대 10 카드에서 열 개의 막대가 되었고 카드 속 인물은 고개를 숙이고 얼굴을 숨긴 채로 목적지까지 막대를 옮겨야만 한다. 그의 불타는 자신감 때문에 더욱더 많은 책임을 맡은 것으로 보인다. 그는 거부할 기회가 없었을 수도 있지만 스스로 도전했거나 자신만 잘하면 된다고 믿었을지도 모른다. 그래서 이 모든 책임을 나누자고 할 수 없었을지도 모른다. 그는 부담감에서 도망갈 수도 있지만 그렇게 하지는 않았다.

나는 수업 시간에 이 그림을 보여주면서 라이더 웨이트 카드의 디자이너인 패멀라 스미스 여사는 막대 열 개를 옮겨본 적이 없었을 거라고 농담을 했는데, 그림과 다르게 막대를 묶어서 어깨에 지고 가면 일이 훨씬 수월할 것이기 때문이다. 그러나 그렇게 하면 나무에 달린 순이 다 부서진다. 나무를 더 힘들게 옮기더라도 새순이 피어날 가능성을 놓치지 않으려는 것일 수도 있다. 그러므로 이 카드 속 남자는 다른 사람들의 요구에 헌신하는 사람을 상징하기도 한다.

관계에 관한 리딩을 할 때 막대 10 카드가 나오면 파트너에게 아무것도 묻지 않은 채 자신의 힘으로만 모든 관계를 지속하려는 사람을 나타낸다. 대개는 거절에 대한 공포 때문에 이런 일이 벌어진다. "내가 그의 습관을 바꾸라고 하거나 더 많이 대화하자고 하면, 그는 날 떠날 거야" 같은 식의 공포 말이다.

점술적 의미

너무 많은 책임감에 대한 부담, 너무 많은 프로젝트를 맡아서 하고 있는 사람의 열정, 혼자 관계를 이끌어가려고 하는 사람.

역방향

책임지는 사람이 없는 상태에서 프로젝트의 실패를 의미할 수 있다, 삶을 단순하게 만들거나 짐을 나눠라, 대화를 더 많이 하고 문제를 나누어야 하는 상황.

· 막대 슈트 카드를 위한 스프레드 ·

❶ 내 삶의 불은 무엇일까?

❷ 나는 얼마나 열정적인가?

❸ 어떻게 에너지를 소진할까?

❹ 어떻게 내 삶의 불을 이끌 수 있는가?

ACE ♣ CUPS.

컵의 에이스 *ACE of CUPS*

원소: 물

테마: 슈트의 순수한 에너지, 선물

구름 속에서 나타난 손이 우리에게 보여주듯 우아하게 컵을 들어 올린다. 여왕이 들고 있는 것보다 더 우아하게 든 성배는 그리스도의 마지막 만찬에서 사용된 것으로 보이며 그렇다면 치유 능력을 가지고 있을 것이다. 성배에 관한 이야기는 아서왕 전설과 함께 중세시대에 널리 확산되었다. 라이더 웨이트 카드가 등장하면서 성배 이야기가 부활했기 때문에 어떤 사람들은 네 가지 슈트의 엠블럼이 성배에서 유래되었다고 주장하기도 했다.

컵의 에이스 카드가 신화 속 성배를 의미하는 것은 확실하지 않지만 성스러운 영혼의 상징인 비둘기가 영성체를 위한 성체를 물고 있는 이미지는 분명하게 보인다. 많은 이들은 성배가 기독교 이전의 신들의 성물인 '신의 솥'에서 유래되었다고 믿는다. 신의 솥은 켈트족의 전설에 등장하는 가마솥으로 죽은 자를 부활시킨다고 한다.

각각의 에이스 카드는 우리에게 선물처럼 다가온다. 컵의 에이스는 가장 순수한 선물로, 사랑의 선물이다. 로맨틱하고 충만한 사랑과 신의 은총과 치유를 보여주는 영적인 사랑을 나타낸다. 컵에서 넘치는 물은 다섯 줄기로, 메이저 아르카나와 네 가지 슈트를 더한 숫자다. 떨어지는 물방울은 전능한 신

의 이름과 은총을 나타내는 히브리문자 요드를 상징한다. 그
림에는 땅이 거의 보이지 않고 대부분 물로 이루어져 있는데,
이는 순수한 감정을 상징한다.

점술적 의미

매우 다양한 차원의 사랑, 은총, 치유, 영적인 깨달음, 감성과 영혼의 양
식, 이 모든 것은 찾으려고 애쓰지 않아도 선물처럼 다가온다.

역방향

행복이 방해받고 있거나 누군가 우리에게 사랑을 주고 있는데 알아채지 못
하는 상태, 스스로의 육체와 감정과 영혼에 영양을 공급할 필요가 있다.

컵 2 *Two of Cups*

원소: 물

테마: 선택, 균형

컵 카드는 감정과 관계에 관한 슈트로 비슷한 이미지가 모여서 균형을 이룬다. 남자가 여자에게 손을 뻗고 있고, 둘 다 머리에 리스를 두르고 공식적이며 엄숙한 절차를 치르고 있다. 그들이 너무 진지해 보여서, 마법사 카드가 무언가 의식을 치르고 있다는 것을 알아차리기 어려웠던 것처럼 이 커플이 로맨틱한 관계인지 알기 어려울 정도다.

이 느낌은 가운데 있는 헤르메스의 지팡이 때문에 더욱 강해진다. 고대에서는 서로 몸을 휘감은 뱀 두마리의 이미지를 남녀의 뒤엉킨 에너지로 보았다. 또한 '쿤달리니kundalini'라는 에너지를 상징한다고도 보는데 쿤달리니 에너지는 두 뱀이 척추의 근간을 감고 있는 것으로 묘사된다. 쿤달리니 에너지가 깨어나 에너지가 상승하면 척추를 따라 태양과 달의 에너지가 섞이는 것이다.

비밀스러운 경전의 관점을 담은 이 카드는 헤르메스의 지팡이 위에 날개 달린 사자가 있는 연금술의 이미지를 보여준다. 헤르메스의 지팡이는 종종 의학의 상징으로도 사용되는데, 이것은 의술의 신인 아스클레피오스Asclepius의 지팡이와 혼동한 결과일 수 있다. 아스클레피오스의 지팡이에도 뱀이 몸을 감고 있다.

마법적인 이미지에도, 불구하고 컵 2는 대체로 관계를 상징한다. 새로운 관계이지만 심각한 관계를 나타낼 수 있다. 관계에서의 약속, 또는 오래된 관계를 변화시킨다는 의미가 될 수도 있다.

점술적 의미

새롭고 의미 있는 관계, 사랑의 부활, 약속, 두 사람 사이에 흐르는 감정적일 뿐만 아니라 정신적이고 마법적인 에너지, 쿤달리니 에너지를 높이는 요가 또는 정신적 수련.

역방향

기대한 것보다 별로 중요하지 않은 관계, 연인이라기보다는 친구, 오래된 문제가 새로운 사랑을 막고 있다, 9번 은둔자 카드나 2번 고위 여사제 카드, 역방향의 6번 연인 카드와 나오면 혼자 지낼 필요가 있다는 의미.

컵 3 *Three of Cups*

원소: 물

테마: 슈트의 에너지가 피어남

타로카드 중에서 가장 행복한 카드 중 하나인 컵 3 카드는 축하와 기쁨, 좋은 시간을 친구 및 가족과 나누는 모습을 보여준다. 로맨틱한 상징을 기대하는 사람은 이 카드를 보고 실망할 수도 있을 만큼 넓은 의미의 사랑을 보여주지만, 그 어떤 카드보다도 기쁨이 충만하다.

땅 위의 호박은 풍요로운 추수의 장면을 표현한다. 추수는 쉽게 얻어진 것이 아니라 봄과 여름에 고되게 일한 결과물이다. 이 카드는 위대한 노력에 대한 보상을 상징하며, 그것에 대해 축하하는 일이 남아 있음을 강조한다. 또한 가까운 친구들과 노는 것이나 멋진 파티처럼 단순한 상황을 의미할 수도 있다.

이 카드는 세 여성을 통해 물의 여성적이고 유동적인 에너지를 보여준다. 이 세 명의 여성은 미의 세 여신, 운명의 세 여신 등 수많은 신화 속 여성의 이미지를 내포하고 있다. 이 카드는 감정적으로 깊은 유대를 나누는 여성들의 특별한 모습을 보여준다. 컵 3의 위치를 생명의 나무와 비교하면, 미묘하게 나무 꼭대기의 첫 번째 삼각형과 닮아 있다. 여성들은 자유롭게 춤을 추며 스스로 생명의 나무가 되어 세 개의 수직 기둥을 이루고 있는 것이다. 마이너 아르카나에서 영혼은 일상생활의 바탕이 된다.

가족과 친구와 축하하고 기뻐하는 것, (특히 여성과의, 그러나 여성으로 한정된 것만은 아닌) 깊은 유대감, 힘든 일을 마치고 '수확' 후에 보내는 좋은 시간.

역방향

친구들 사이의 불편함, 또는 친구 관계가 로맨스가 되다, 뭔가 중요한 것을 마칠 때까지 축하를 미루고 할 일을 해야 함.

컵 4 *Four of Cups*

원소: 물

테마: 구조

감정은 어떻게 구조화될 수 있을까? 이 카드가 알려주는 하나의 답은 감정을 밖으로 표현하지 말고 새로운 가능성에 쉽게 반응하지 말라는 것이다. 이 카드의 남자는 미스터리한 손이 나타나 새로운 것을 제안하고 있지만 팔짱을 끼고 컵세 개만을 바라보고 있다. 이 카드는 에이스 카드 외에 구름 속에서 손이 나온 유일한 카드로, 그가 무시하는 것은 사랑이나 감정, 또는 흥분이 가득한 새로운 기회일 수 있다.

많은 사람들은 이 카드를 보고 "당신은 중요한 것을 무시하고 있다"거나 "당신은 팔을 풀고 사랑의 컵을 잡아야 한다" 같은 도덕적인 교훈을 말하지만 그것이 이 카드가 주는 교훈이라면, 그림 속 남자는 손을 뻗고 있어야 하지 않을까?

때로 우리는 감정적인 상황에서 한걸음 물러서거나 새 프로젝트를 무조건 받아들이지 않으면서 무언가를 배우게 된다. 만일 "미친 듯이 바쁘다"라고 대답할 정도의 상황이라면, 이 카드는 우리가 새로운 것을 무분별하게 받아들이는 상황을 막아줄 수 있다. 하지만 그것 역시 이 카드의 한 단면에 불과하다.

흥미롭게도 컵 3, 4, 5 카드의 연결 고리는 바로 '상실의 단계'라는 점이다. 컵 3 카드는 축하하는 과정에서 높게 든 컵을 보여준다. 컵 4 카드에서 그림 속 남자는 홀로 세 개의 컵을 바라보고 있다. 컵 5 카드에서는 무언가가 그 컵들을 쓰러뜨린다.

점술적 의미

거리를 둠, 보지 못했거나 무시해버린 기회, 누군가가 타로 리딩을 받는 사람을 좋아하고 있으나 알아채지 못하는 상태, 새로운 일에 뛰어드는 데 주저함.

역방향

역방향에서는 '컵을 받는 것'에 집중한다. 사랑이나 기회를 받아들이는 데 미처 눈치채지 못한 위험이 따를 수도 있다.

컵 5 *Five of Cups*

원소 : 물

테마 : 어려움

컵은 가장 행복한 슈트 카드로, 대부분 사랑, 가족의 기쁨, 그리고 축하를 담고 있다. 하지만 어려움을 상징하는 숫자 5가 등장하는 컵 5는 대개 슬픔과 상실로 해석한다. 컵 3 카드에서 높게 올렸던 컵 세 개, 컵 4 카드 속 남자는 그 세 개의 컵을 그저 바라보기만 했을 뿐인데, 컵 5 카드에서는 그 컵들이 쓰러져 있다. 이는 사랑을 무시한 대가가 궁극적인 상실이라는 의미이리라. 바닥에 흐르는 빨간색과 녹색의 기이한 액체는 실패한 연금술의 과정을 보여주는 것일 수도 있고, 말로 표현하기 힘든 슬픔을 상징하는 것일 수도 있다.

카드 속 사람은 남자일까, 여자일까? 그것이 중요할까? 남자 또는 여자는 다른 사람이 그의 마음속을 관통하는 슬픔을 알아차리지 못하도록 검은 망토로 몸을 꼭꼭 감싸고 있다. 카드 리딩 중 컵 5 카드가 13번 죽음 카드, 칼 9 카드와 함께 나오면 추모의 의미로 보기도 한다. 리딩을 받는 사람은 크나큰 상실이 있을 가능성을 받아들여야 한다. 그러나 앞에서 설명했던 것처럼 우리는 죽음을 예언하는 것에는 매우 주의해야 한다. 사람들이 만날 수 있는 상실은 죽음 이외에도 많기 때문이다.

인물 뒤에 서 있는 두 개의 컵을 보라. 그것은 잃어버리거나 쏟아지지 않은 것을 상징한다. 그래서 타로 리더들은 타로 리딩을 받는 사람에게 주변을 둘러보고 아직 남아 있는 것을 찾고 그것을 선택하라고 말한다. 그렇게 과거를 되돌리고 삶을 지속하라고 말한다. 그러나 컵 4 카드에서 말했듯이, 만일 이 카드가 그것을 말하고 싶었다면 카드에서 직접 보여주었을 것이다. 우리는 때로 슬픔의 거대한 힘을 경험할 필요가 있다.

점술적 의미

상실, 슬픔, 후회, 끝난 후에야 그 고마움을 인식하게 되는 상황, 슬픔에 빠져 남아 있는 것을 못 보는 상태의 사람.

역방향

역방향에서는 세워진 컵 두 개에 주목한다, 가치 있는 것이 무엇인지 다시 인식하기, 상실 후에도 삶을 지속하는 것.

컵 6 *Six of Cups*

원소 : 물

테마 : 동등하지 않은 관계, 관대함

표면적으로 컵 6 카드는 행복하고 단순해 보인다. 나이가 더 많아 보이는 사람이 어린 소녀에게 꽃을 주는 그림으로, 숫자 6의 테마인 관대함을 나타내고 있기 때문이다. 물이 흘러넘치는 컵의 에이스, 물고기를 보여주는 컵의 시종, 그리고 몽환적인 이미지인 컵 7 등 그 어떤 카드보다도 컵에 담긴 것이 무엇인지 잘 보이는 카드이기도 하다. 컵에 담긴 꽃과 뒤쪽의 집은 컵 카드가 의미하는 감정이 실제 생활에서 뿌리내린 상태를 말한다.

　많은 사람들이 이 카드에서 이상한 모습을 찾아내기도 한다. 숫자 6이 의미하는 동등하지 않은 관계를 생각하며 소녀의 왼편에 있는 인물을 보라. 동등함을 나타내는 컵 2 카드와 비교해보자. 소녀가 얼마나 옷을 껴입었는지와 따뜻해 보이는 날에 큰 장갑을 낀 것을 보라. 누군가는 소녀가 칼 8 카드 속 묶여 있는 여성처럼 힘을 '쓸 수 없다'는 것을 보여주기 위해 장갑을 꼈다고 말하기도 한다.

　대부분의 사람들은 이 카드의 의미를 향수라고 생각한다. 어린 시절을 돌아보거나 관계의 시작 같은, 이전의 행복했던 시기를 되돌아본다는 것이다. 향수는 진짜가 아닐 수도 있다. 지난 기억은 미화되고 때로는 행복하지 않았던 옛 기억을 덮어주기 때문이다. 그래서 누군가는 이 카드에서 부정, 거부라는 키워드를 뽑아낸다. 왼쪽 인물이 입은 옷은 마치 동화 속의 의상 같다. 우리는 동화를 달콤한 이야기로만 생각하지만 영원히 행복하게 산다는 결말에 도달하기 위해서는 어둡고 무서운 과정을 지나야 한다.

점술적 의미

단순히 행복을 의미하는지, 숨겨진 어두운 감정이 있는지 살펴보아야 한다. 보통 이 카드는 지나간 시간, 특히 어린 시절에 대한 향수를 의미한다. 수동성, 다른 사람이 내 일을 대신하거나 나를 돌보는 것을 허락함.

역방향

현재의 상황에 초점을 맞추고 향수와 수동성을 거부하라. 어린 시절을 정직하게 바라본다면 유년기의 고통을 치유할 수 있을 것이다.

컵 7 *Seven of Cups*

원소 : 물

테마 : 행동

등을 보이고 있는, 놀란 듯한 실루엣이 구름 속의 컵 일곱 개를 바라보고 있다. 에이스 카드들과는 달리, 그에게 무언가를 건네는 손은 없다. 컵은 단지 공기 중에 떠 있을 뿐이다. 그리고 놀라운 것들이 그 컵을 채우고 있다. 보물, 성곽, 뱀과 용, 영광의 월계관과 신비한 베일을 쓴 형상과 아름다운 사람의 머리 같은 것들 말이다. 이것은 대체 무슨 의미일까? 왜 컵 위에 이런 형상들이 나타나 있을까?

감정의 흐름을 의미하는 물의 성질은 숫자 7의 테마인 행동과 어울리지 않는 듯하다. 이 카드에서 행동은 상상에게 자리를 내줬기에 전혀 현실적이지 않다. 허상 속 이미지들은 실제 상황과 연결되어 있거나 타로 리더 캐롤린 거스Carolyn Guss가 말한 것처럼 일곱 개의 행성(해, 달, 수성, 금성, 화성, 목성, 토성)에 관한 상징일 수도 있다. 대체 이것이 현실과 무슨 관계가 있다는 걸까?

이 카드 역시 타로 리더들이 조언을 하고 싶어 하는 카드다. 그들은 이 카드를 뽑으면 "선택을 하고 행동을 취하라"라고 말한다. 수동적이고 감정적인 컵 카드는 이러한 지적을 자주 받는다. 그러나 상상이야말로 그 사람에게 필요한 것일 수 있다. 삶의 다른 가능성을 상상하지 못하면 삶을 변화시킬 수 없다.

점술적 의미

상상, 판타지, 호기심, 공상만 하고 행동은 하지 않는 수동성, 행동에 관련된 카드와 함께 나올 경우 상상이 큰 변화를 이끌어낸다는 의미, 환각을 볼 가능성.

역방향

판타지를 실행하라, 많은 가능성 중 하나를 선택하라, 사람들에게 당신의 희망과 꿈을 말하라.

컵 8 *Eight of Cups*

원소 : 물

테마 : 움직임

망토를 두른 인물이 달 아래 언덕을 걸어가고 있다. 그의 모습은 9번 은둔자 카드를 떠오르게 하는데, 은둔자 카드는 달 카드와 연결되며(달 카드의 숫자는 18이고 1 더하기 8은 9) 이 카드에서 달은 언덕 위에 비슷한 모습으로 떠 있다. 은둔자와 마찬가지로 컵 8의 사람은 일반적인 삶을 떠나 더 높은 진리의 길을 향해 떠난다.

컵 5 카드와는 다르게 어떤 컵도 쓰러져 있거나 엎질러져 있지 않다. 그는 단지 놓고 떠날 때를 아는 것이다. 이 카드는 당신이 관계를 언제 끝내야 할지, 일을 언제 그만두어야 할지, 집을 언제 떠나야 할지, 또는 삶에서 어떤 변화를 언제 꾀해야 할지 알아야 한다는 뜻이다. 위쪽에 놓인 컵의 틈을 보라. 아마도 그는 삶에서 잃어버린 것을 찾으러 떠나는 것일지도 모른다.

덜 극단적으로 보면, 이 카드는 외부 활동을 줄이고 생각에 잠기거나 반성이 필요하다는 의미일 수도 있다. 그리 오랜 시간이 필요하지 않을지도 모른다. 타로 리딩은 우리에게 지금 가야 하는 길을 제시하며, 변화는 빠르다는 것을 보여준다. 카드 속 달은 어떻게 보이는가. 밤이 아니라 마치 일식처럼 보인다. 바깥세상이 아니라 자신을 들여다보라. 당장 문제를 해결하기보다 당신의 직관이 당신을 이끌게 하라.

점술적 의미

떠나거나 이동해야 할 때를 알아차리다, 변화를 내면에서 알아차리는 것일 뿐 재앙이 아니다, 내부를 들여다볼 시간을 가질 것, 일상적인 것보다 더 높은 가치의 행동을 고민해야 할 가능성.

역방향

어떤 것을 떠나는 것이 아니라 그 상황의 가치를 인식하고 개선할 수 있음을 의미한다, 다른 사람들이나 주변 사람들과 어울리기보다는 고독을 즐길 시간이다.

컵 9 *Nine of Cups*

원소: 물

테마: 강렬함, 높은 수준

부유해 보이는 살집 있는 남자가 의자에 앉아 있고 그의 뒤로 컵 아홉 개가 줄지어 서 있다. 이 컵들은 성공의 트로피일까? 컵 8 카드에서 여행을 떠난 남자가 잃어버렸던 컵을 찾아 삶이 완전해졌다는 것을 느끼며 돌아온 걸까? 정말 그런 걸까?

혹시 그가 만족감에 젖어 천박해 보이지는 않나? 심지어 방어적으로 보이지는 않나? 그가 팔짱을 낀 모습은 전혀 편안해 보이지 않는다. 저 동작을 따라 해보길 바란다.

현대의 타로 리더들은 컵 9를 '소원 카드'라고 부르며 점성술과 연결시킨다. 이 카드가 리딩 중에 나오면 리딩을 받는 사람은 어떤 소원이든 이룰 수 있다는 것이다. 이 카드는 분명 모든 사람이 나오길 바라는 카드일 것이다.

웨이트 경이 말하는 이 카드의 역방향의 의미는 카드를 이해하는 데 도움을 준다. '진실, 충성, 자유'의 의미에 그는 '실수, 불완전'을 더했다. 카드 속 인물이 성공과 트로피와 편안한 삶을 내려놓는다면 더 심오한 것(진실, 충성, 자유)을 발견할 수 있을 것이다. 하지만 우리가 안락함을 내려놓고 의미 있는 경험을 추구한다면, 실수를 하고 바보(0번 바보 카드) 같은 짓을 할 수도 있다.

어떤 사람들은 뒤의 장막에 집중하기도 한다. 그 뒤에 숨겨진 비밀이 있을까? 도전이 기다리고 있을까? 새로운 기회나 유혹이 있을까? 아니면 삶이 변화하는 실수가 기다리고 있는 것은 아닐까?

점술적 의미

소원이 이루어짐, 외부에서 바라볼 때의 성공과 만족, 천박함, 우쭐함, 기쁨, 삶에서 잃어버린 것을 찾을 가능성.

역방향

웨이트 경에 따르면 개인적인 만족을 초월한 진실과 충성의 미덕, 물질적인 소유를 벗어난 자유, 실수의 가능성, 숨겨져 있던 것이 드러남.

컵 10 *Ten of Cups*

원소: 물

테마: 과잉

컵은 여러 가지 면에서 네 원소 중 가장 행복한 원소다. 컵 10 카드에서도 기뻐하는 가족의 그림을 통해 에이스 카드에서 약속한 신의 은총이 이루어진 듯한 모습을 보여준다. 남자와 여자는 마치 한 몸처럼 부둥켜안고 서 있다(20번 심판 카드에서 남자는 왼편에, 여자는 오른편에 서 있던 것을 기억하라). 그들은 영적 행복과 축복을 상징하는 컵 뒤에 펼쳐진 무지개를 바라보고 있고, 옆의 어린아이들은 근심 걱정 없이 춤을 추고 있다.

컵 10 카드는 막대 10 카드나 칼 10 카드에 비하면 분명히 행복한 카드이고 동전 10 카드보다도 행복한 카드일 것이다. 동전 10 카드는 행복보다는 유복함을 상징하는 것으로 보인다. 동전 10 카드에는 웅장한 집이 있지만 이 카드에는 작고 소박한, 열정을 상징하는 빨간색 지붕의 집이 그려져 있을 뿐이다. 그러나 동전 10 카드 속 사람과 컵 10 카드 속 사람을 들여다보자. 당신은 어느 카드의 사람이고 싶은가?

성공의 트로피 같은 컵 아홉 개를 세워놓은 컵 9 카드와 열개의 컵을 환영처럼 세워놓은 컵 10 카드를 비교해보자. 컵 9 카드 속 상인은 컵 10 카드 속 가족보다 부유해 보이지만, 그는 혼자다. 컵 7 카드는 새로운 삶에 대한 환상을 가지고 있으며, 컵 8 카드는 잃어버린 것을 찾으러 떠났다. 컵 9 카드와 컵 10 카드는 우리가 찾아야 하고 만들어야 하는 두 가지 길을 보여준다.

점술적 의미

가족이나 관계와 관련된 행복과 성취, 물질적인 가치보다 영적인 가치를 추구함, 결혼을 하거나 아이를 가지려는 사람들에게 좋은 징조.

역방향

가진 것에 감사하기 어려움, 불만족, 때때로 행복에 대한 위협이나 의문이 생길 수 있음, 돈 문제의 가능성.

❶ 나는 어떻게 감성적이 될까?

❷ 나는 다른 사람들에게 감정을 어떻게 표현할까?

❸ 나는 어떻게 감정을 숨길까?

❹ 내 감정의 역사는 어떤 내용일까?

❺ 내 감정의 역사는 지금 내 삶에 어떤 영향을 주고 있을까?

❻ 나는 어떻게 사랑을 찾고 발전시킬 수 있을까?

칼의 에이스 *ACE of SWORDS*

원소 : 공기

테마 : 순수한 에너지, 선물

흰 구름 속에서 나타난 칼의 에이스의 손은 칼을 지키기 두렵다는 듯이 양날의 칼을 꽉 잡고 있다. 칼의 원소인 공기는 확고한 판단으로 혼란에서 벗어날 수 있는 마음(이성)과 관련이 있다. 그러나 이 무기는 거대한 슬픔을 낳을 수 있으며, 이 양날의 칼은 다른 슈트를 자를 수도 있다.

신의 이름을 상징하는 히브리문자 요드는 금빛 방울의 형태로 표현되었다. 막대의 에이스나 컵의 에이스에서 흘러넘치던 것이 여기서는 겨우 양쪽에 세 개씩, 단 여섯 개의 금빛 방울로 표현되었다. 칼 아래 저 멀리에서 희미하게 보이는 산처럼, 마음(이성)은 위대한 높이까지 다다를 수 있지만 우리의 평범한 일상과는 동떨어진 것일 수도 있다.

라이더 웨이트 카드에서는 단지 세 개의 칼만이 위를 향하고 있다. 칼의 에이스, 칼의 여왕, 그리고 정의 카드다. 이 카드들은 우리가 원하거나 믿는 것 이상으로 진실에 헌신할 것을 상징한다. 일상생활과 정의가 큰 관련이 없다고 생각하더라도 정의 카드와 칼의 에이스 카드가 함께 나온다면 이들이 의미하는 선물을 정의롭게 사용할 필요가 있다. 영광의 잎이 걸린 왕관은 인생의 목표로 삼고 있는 성공과 존경을 상징한다. 카드 속 칼은 더 높은 차원의 세계를 관통하여 일상의 목표를 초월한 순수한 이성에 도달하는 것을 의미한다.

점술적 의미

(슬픔이 따르더라도) 분명한 생각과 영적인 진실과 고도의 가치를 가져오는 선물, 행동을 정의롭게 바꿔야 함.

역방향

혼란, 확신을 가지기 어려움, 조종당할 수도 있는 강력한 마음.

칼 2 *Two of Swords*

원소 : 공기

테마 : 선택, 균형

눈을 가린 채 손에 쥔 칼을 어깨에 댄 한 여성이 물 앞에 놓인 회색 돌의자에 앉아 있다. 균형이라는 테마는 잘 보이지 않고 칼이 상징하는 마음의 평화는 소통을 차단했기에 얻은 것처럼 보인다. 칼의 슈트에는 눈을 가린 여성이 두 명 나오는데 둘은 비슷해 보이지만 차이가 있다. 칼 8 카드의 묶여 있는 여성은 스스로 눈가리개를 벗을 수 없을 것처럼 보이지만 이 카드 속 여인은 스스로 눈가리개를 벗을 수 있다. 그녀가 원하기만 한다면 칼을 내려놓고 눈가리개를 벗으면 된다.

그녀는 스스로 사람들을 차단한 것처럼 보인다. 누가 감히 눈을 가리고 두 개의 칼로 다가오는 사람을 내리칠 것처럼 보이는 그녀에게 가까이 가겠는가? 그녀는 사람들을 밀어내면서 상처받기 쉬운 심장과 폐는 손으로 가리고 있다. 유지하기 어려워 보이는 자세다. 칼의 무게를 견디기 힘들기에 무언가가 가까이 다가와 그녀를 건드린다면, 일렁이는 감정의 파도에 훌쩍 빠질 수도 있다.

다른 쪽으로 생각하면, 칼은 생각의 순수함을 상징한다. 우리는 이 카드를 명상이나 영적 추구로 볼 수도 있다. 눈가리개는 산만해지는 것을 막고, 팔을 엇갈려 칼을 들고 있는 자세는 집중을 위한 행동이다. 칼 2 카드의 여성은 숫자 2를 통해 2번 고위 여사제와 연결된다.

점술적 의미

무언가를 보지 않으려 하거나 감정을 차단하려는 사람, 사람들로부터 분리되어 너의 삶을 살아라, 2번 고위 여사제 카드와 9번 은둔자 카드와 함께 나오면 영적인 길을 가는 것을 상징하거나 모든 에너지를 일에 쏟으라는 의미일 수 있다.

역방향

다른 사람과 어울리는 것, 방어하는 것을 그만두기, 영적이거나 실용적인 목표에 집중하지 못하는 상태.

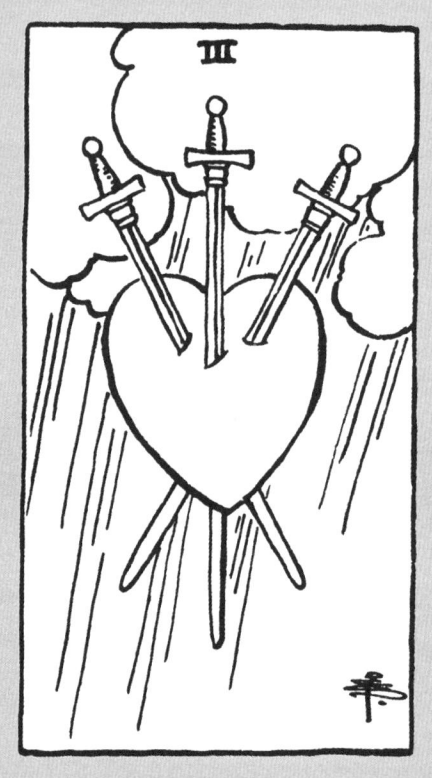

칼 3 *Three of Swords*

원소 : 공기

테마 : 슈트의 에너지가 피어남

칼 3 카드는 슈트 카드에서 가장 단순하고 직접적인 이미지 중 하나로, 땅도 없고 사람도 없으며 칼 세 개가 심장을 상징하는 하트를 관통하는 그림이 있을 뿐이다. 뒤로는 비스듬히 비가 내리고 있다. 만일 칼의 이미지에서 슬픔을 보았다면 그것을 '피어나게' 해야 한다. 많은 사람들이 이 카드를 보고 마음 아픔, 슬픔, 비탄의 메시지를 읽는다.

그러나 이 카드에도 다른 칼 카드처럼 깊은 의미가 있다. 이 카드는 조용히 수용되는 어떤 균형을 보여준다. 칼의 손잡이는 생명의 나무에서 첫 번째 삼각형의 형태를 띠고 있고, 칼끝은 7, 8, 9번 세피라를 가리킨다. 세피라Sephira는 생명의 나무를 이루는 열 개의 구球로 4번과 5번 세피라는 마음의 봉우리를 이루며, 심장의 중앙을 뚫고 그들이 만나는 점에서 6번 세피라가 생겨난다. 그림에서 빠진 것은 10번 세피라다. 물리적인 세상과 사건을 뜻하는 10번 세피라는 그림 아래에 숨겨져 있는데, 슬픔의 원인에서 벗어나 순수한 상태에 있는 것을 상징한다. 생명의 나무에서 3번 세피라는 '이해'를 뜻하는데, 이 카드는 그 '이해'에 대한 힌트를 준다. 삶의 고통이란 특별한 것이 아니라 우리의 삶 그 자체라는 것을 말한다.

점술적 의미

슬픔, 마음 아픔, 비탄, 슬픔을 조용히 받아들이면 치유가 온다.

역방향

슬픔과 고통에서 회복되고 해방됨, 고통을 피하려고 함, 감정을 부정하고 차단함.

칼 4 *Four of Swords*

원소: 공기

테마: 구조

웨이트 경과 에덴 그레이는 이 카드 속의 인물을 인형이라고 보았다. 반면 현대의 타로 리더들은 교회에서 잠이 든 기사로 본다. 그의 뒤에는 무릎을 꿇고 예수 앞에서 기도하는 사람이 보이는 스테인드글라스가 있다. 예수의 머리 위의 빛을 보라. '팍스Pax', 라틴어로 평화를 뜻하는 단어가 적혀 있다. 벽에 붙은 세 개의 칼은 기사의 머리(정확히는 정신 능력의 각성을 의미하는 제 3의 눈), 목(의사소통), 그리고 명치(깊은 지식)를 겨누고 있다. 이는 위협적이지 않으며 오히려 몸의 그 부분을 활성화시킨다. 네 번째 칼은 그의 몸 아래에 놓여 있다.

공기는 불과 물보다 더 구조화하기 힘들다. 어떻게 공기를 저장하겠는가? 어떻게 생각의 형태를 고정하겠는가? 기사는 깊이 잠든 게 아닐 수도 있지만, 깊은 명상에 빠져 있어서 누구의 손도 닿지 않는다. 그러므로 이 카드는 투쟁을 멈추고 조용한 내면의 평화를 찾는 치유를 의미한다. 긴장의 시기에서 잠시 벗어나라는 뜻이다.

우리는 때로 다른 사람과 했던 수많은 약속에서 벗어나 홀로 있는 시간이 필요하고, 또 누군가가 우리에게 손을 뻗으면 다시 사람들 속으로 돌아갈 수 있어야 한다. 이 신비한 기사는 '잠자는 숲속의 미녀'처럼 스스로 깨어날 수 없는 인물이거나 성배 이야기 속의 피셔킹Fisher King(켈트족 전설에 등장하는 인물로 성배를 지키느라 고통을 받음)처럼 그를 치유해줄 기사가 올 때까지 혼수상태에 빠진 인물일 수도 있다.

점술적 의미

휴식, 투쟁에서 벗어나 내면의 평화를 찾을 것, 명상을 하거나 영적인 연습을 통해 내면의 깊은 감각을 깨우는 데 집중할 것, 고통을 피하기 위해 격리되거나 감정을 차단할 것.

역방향

활동을 시작함, 에너지를 재생함, 육체적이나 감정적으로 치유받음.

칼 5 *Five of Swords*

원소: 공기

테마: 어려움

칼과 어려움이라는 테마는 완벽하게 어울린다. 우리는 칼 5 카드에서 날카로운 구름과 넘치는 물이라는 거친 배경을 볼 수 있다. 전쟁의 별인 화성과 같은 색의 옷을 입은 빨간 머리 남자가 다른 두 명을 제압한 뒤 능글맞게 승리의 웃음을 지으며 세 개의 칼을 잡고 있다. 그 칼 중 두 개는 달아나고 있는 두 사람의 것이라 짐작할 수 있다. 둘 중 멀리 있는 사람은 우는 것처럼 보이지만, 나머지 하나는 너무 센 상대와는 싸울 가치가 없다고 생각해서 칼을 버리고 철수하는 것처럼 보인다.

이 카드를 해석하는 방법은 이 카드의 '영웅'을 어떻게 보느냐에 달려 있다. 스미스 여사는 아마도 웨이트 경이 말한 '수모, 파괴'와 같은 가혹한 감정을 그렸을 것이다. 그런 관점이라면 우리는 그림 속에서 패배하고 떠나는 자의 입장이다. 우리의 무력감과 부끄러움 때문에 빨간 머리 남자는 너무 크게 보인다. 그러나 자신을 빨간 머리 남자에 대입하면 어떨까? 이 카드가 승리의 메시지나 예언으로 보이는가? 그렇다면 이 영웅이 어떤 사람인지, 또한 그와 같은 사람이 되고 싶은지를 다시 물어봐야 한다.

법률 소송과 같은 갈등 상황에서 이 카드가 11번 정의 카드의 역방향과 나오면 경계해야 한다.

점술적 의미

패배하거나 원칙에서 어긋난 승리를 할 수 있다, 이길 수 없는 싸움은 포기하라, 가족과의 분쟁으로 풍파가 있는 상황.

역방향

위협적인 손실이나 패배를 떨쳐내라, 새로운 시작, 의사소통이 적개심을 대신할 것이다.

칼 6 *Six of Swords*

원소: 공기

테마: 동등하지 않은 관계, 관대함

타로의 공식적인 의미 그 이상을 표현한 스미스 여사의 카드를 생각할 때면 항상 칼 6 카드가 떠오른다. 웨이트 경은 이 카드를 '물의 여행'이라 불렀으며, 분명히 배를 타고 가는 항해임을 알 수 있다. 그러나 그림은 신비감과 깊이를 더한다. 이 사람들은 누구일까? 배를 모는 사공과 승객일까? 아니면 가족일까? 옷으로 꽁꽁 싸맨 여인은 왜 등을 구부리고 있으며 아이는 왜 꼭 붙어 있을까?

이런 구조의 배는 삿대를 사용해 움직이며 사공이 승객을 태우고 강을 건넌다. 가장 유명한 예로 그리스 신화의 샤론 Charon이 있다. 검은 노로 배를 저어 죽은 이들을 스틱스 강River Styx 너머로 데려다주는 사공 말이다. 그러면 이 카드는 무서운 죽음의 징조일까?

전통적으로 이 카드에는 그런 의미가 전혀 없다. 단지 그녀는 기력이 빠져서 망토를 벗거나 고개를 들고 싶지 않은 것뿐이다. 이 카드에는 침묵의 공기가 흐르며, 카드 속 그 누구도 대화를 원하지 않는다. 그들은 그저 여행을 계속하고 싶을 뿐이다.

칼은 사람들이 지고 가는 슬픔을 상징할까? 아니면 슬픈 기억? 웨이트 경은 칼이 무거워 보이지 않는다고 말했지만 그

칼들은 사람보다 중요한 것처럼 앞쪽에 실려 있다.

점술적 의미

웨이트 경은 이 카드를 '물의 여정'이라 불렀고 그것은 물을 통해 여행하는 소소한 일을 의미할 수 있다, 고통과 비밀을 가지고 있지만 가족에게 털어놓지 못하는 상황, 무언가를 숨기기 위한 침묵.

역방향

가족의 비밀을 외부에 말하는 것, 오래 지속된 상황을 방해하는 것, 갈등과 불안함이 있지만 결국 과거에서 자유로워진다.

칼 7 *Seven of Swords*

원소: 공기

테마: 행동

칼 7 카드는 최근 매우 구체적인 의미를 갖게 되었다. '사회 통념에 어긋나는 불륜'이라는 의미 말이다. 텐트에서 발끝을 세우고 걸어 나오는 남자의 기뻐하는 표정, 연인의 남편에게서 힘을 훔쳐오듯 남근 모양의 칼과 함께 달아나는 모습에서 유추한 의미다. 물론 어떤 카드도 한정적인 의미를 가지지는 않는다. 그럼에도 칼 7 카드가 나오면 다른 카드나 상황이 뒷받침하는 한 '불륜'을 저지르려는 마음을 표현하는 것일지도 모른다.

일반적으로 이 카드는 혼자 행동하고 스스로를 만족시키는 사람에 대한 카드다. 이 카드는 술수와 영리함 같은 마음의 '행동'을 보여주지만 대단한 성공을 가리키지는 않는데, 뭔가 계획성이 부족해 보이기 때문이다. 카드 속 남자는 칼 다섯 개를 챙겼지만 두 개는 남겨두었다. 그는 그 누구도 해치지 않았기에 카드 왼쪽 아래의 무리는 그가 칼을 가져간 것을 알아채지 못한다. 무리는 텐트로 돌아와 머리를 긁적이며 뒤늦게 칼을 찾을 것이다.

칼 7 카드는 칼 카드 중에서 가장 활동적인 카드인 동시에 가장 정신적인 카드이기도 하다. 오컬트 전통에서 노란색은 마음의 활동을 가리키기 때문이다. 반면에 빨간 부츠와 모자는 흥분과 열정을 가리킨다.

점술적 의미

술수, 영리함, 흥분되는 계획이지만 장기적인 해결책은 아님, 혼자서 저지른 충동적인 행동, 불륜의 가능성.

역방향

행동을 취하기 전에 다른 사람과 상의하려는 의지, 충고를 받는 것, 무엇을 하기 전에 주의하고 두 번 생각하는 것, 유혹에 저항하는 것, 불륜의 끝.

칼 8 *Eight of Swords*

원소: 공기

테마: 행동

칼 8 카드에도 눈을 가린 여인이 등장한다. 칼 2 카드에 있는 여인은 스스로 눈을 가렸지만, 이 카드 속 여인은 몸이 묶여 있어 좀 더 피해자처럼 보인다. 법원에 있는 정의의 여신 조각상과는 달리 타로의 정의 카드에 등장하는 사람은 눈을 가리지 않았으므로 칼 8 카드에 있는 인물은 어떤 정의롭지 못한 것 때문에 괴로워하고 있는 것처럼 보인다. 단지 그녀는 무력하고 억압받는 여성일 뿐이다. 그녀의 뒤에는 권위의 상징인 돌로 된 성이 우뚝 서 있다. 남근 형태의 칼은 수치스럽게도 진흙 위에 선 그녀를 둘러싸고 있다. 움직임이란 테마는 이 카드에서는 반대로 무력함이 된다.

그러나 그녀를 감시하고 있는 사람이 없다는 것에 주목하라. 칼은 그녀를 막고 있지 않으며, 물웅덩이도 그녀를 막을 수 없다. 또한 밧줄은 그녀의 다리를 묶고 있지 않다. 그녀를 정말로 막고 있는 것은 눈가리개뿐이다. 이는 정신적인 혼란을 의미하며 다른 사람에 의해서 초래된 것이다. '당신은 무력하다'는 타인의 의견을 수용해버린 상황이다.

우리는 이 카드를 다른 각도에서도 볼 수 있다. 양날의 칼이 몇 개나 더 있는지를 찾아 좀 더 점성술적으로 해석하는 것이다. 월드Wald와 루스 앤 앰버스톤Ruth Ann Amberstone은 그녀를 묶

은 횟수가 프리메이슨의 입문 의식과 관련되어 있다고 말했
다. 그녀의 무력감은 외부의 인식에서 떨어져서 내면의 계시
를 받기 위한 자발적 선택일 수도 있다는 것이다.

점술적 의미

무력함, 혼동, 가로막히거나 억압받는 느낌, 선택지가 없다고 조종당하
는 것, 내면으로 들어가기 위한 집중적인 훈련.

역방향

당신이 생각하는 것보다 더 많은 가능성을 발견하는 것, 사물을 긴 안목
에서 명료하게 바라보는 것, 어려운 상황에서 벗어나는 첫걸음.

칼 9 *Nine of Swords*

원소: 공기

테마: 강렬함, 높은 수준

칼 9 카드에는 마치 우는 것처럼 손으로 얼굴을 가리고 침대에 앉아 있는 여인이 그려져 있다. 걱정, 불안, 불면증 등 당신을 잠 못 들게 하는 어떤 것을 의미하는 카드다. 이 카드와 악마 카드만이 완전히 검은색 배경인데, 악마보다 더 무서운 것이 악마의 연인이듯 이 카드는 더 진한 검은 배경이다. 누군가는 이 배경을 '영혼의 어두운 밤'이라고 부르는데, 이 이미지는 숫자 9의 강렬함이란 테마에 들어맞는다. 침대에 새겨진 괴상망측한 조각을 보라. 한 사람이 다른 사람을 공격하거나 죽이는 듯한 모습이다.

이 모든 것이 카드에 부정적인 느낌을 더하는가? 이 카드에서 가장 화려하고 밝은 누비이불을 보라. 열정을 상징하는 장미와 별자리의 상징이 번갈아 그려져 있어 마치 우주가 그녀를 안심시키는 듯하다. 계속 얼굴을 가리면서 피하더라도 결국 깨어나서 어려움에 직면해야 할 것이다.

칼은 일정한 간격으로 완벽하게 줄 세워져 있는데, 이는 칼 4 카드에서 본 형태와는 다르다. 칼 9 카드 속 여성은 사다리처럼 생긴 칼 아홉 개를 타고 올라가, 설사 그 칼에 베이더라도 절망에서 벗어나 진실에 직면할 것이다.

전술적 의미

슬픔, 불안, 우울함, 꿈이나 나쁜 소식을 포함하여 한밤중에 깨어 있게 하는 것, 불면증.

역방향

회복의 시작, 진실을 직면하기, 어려운 진실에 대면하기 위해 최악의 상황에서 빠져나오는 것.

칼 10 *Ten of Swords*

원소: 공기

테마: 과잉

칼 9 카드가 강렬한 괴로움을 보여주었다면, 칼 10 카드는 더욱 끔찍해 보이는 카드로 과잉이란 테마를 제대로 보여준다. 한 사람을 죽이는 데는 칼 하나면 충분하다. 과연 이 카드는 폭력이나 살인을 가리키는 것일까? 내게는 과장된 자기 연민이나 히스테리처럼 보인다. 칼의 에이스가 관통했던 영적인 진실은 어딘가로 흩어져버렸다.

칼 9 카드와 칼 10 카드를 비교해보자. 칼 9 카드의 칼은 균일하게 줄 세워져 있지만, 여기서는 들쭉날쭉하고 칼자루도 조잡한 형태로 각을 이루고 있다. 칼 9 카드에서는 완전한 어둠이었지만 칼 10 카드에서는 고요한 호수(칼 2 카드와 칼 5 카드에서 넘쳐흐르는 물과 비교해보라) 같은 금빛이 조금씩 떠오른다. 타로 스승 엘런 골드버그Ellen Goldberg는 이 카드를 문자 그대로 '황금 새벽'이라고 묘사하기도 했다.

우리는 이미 몇몇 칼 카드(예를 들면 칼 2)가 오컬트적이거나 영적인 해석과 어울리는 것을 보았다. 이 카드의 손을 보라. 이 축복의 제스처는 5번 교황 카드에서 보았던 것이다. 우리는 이 카드를 종교적 권위나 전통의 전복으로 보고 각자의 길을 찾으라고 해석할 수 있다. 또한 "에고를 죽여라"라고 말하는 명상 수련을 상징한다고 보는 관점도 존재한다.

만일 리딩의 주제가 의학적인 것이라면, 이 카드는 등에 문제가 있지만 침술로 안정을 찾을 수 있다는 의미일 수 있다. 15번 악마 카드와 함께 나온다면, 약물중독을 의미할 수도 있다.

점술적 의미

극단적인 정신 상태, 공포와 걱정이 과장된 상태, 에고를 극복하는 집중적인 명상, 종교의 권위를 거부할 가능성, 의학적으로는 등 건강의 문제, 침술, 15번 악마 카드와 나온다면 약물중독.

역방향

(역방향이 되면 칼이 등에서 떨어져 나간 모습이 되므로) 괴로움에서 벗어난 안정, 웨이트 경은 이 상황을 "이점이 있으나 영원하지 않다"라고 했으므로 진정한 변화가 필요한 상황, 물리적인 고통으로부터의 안정.

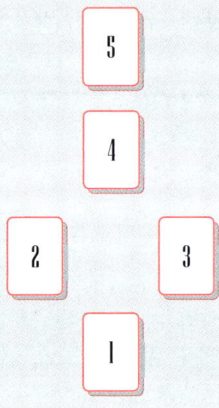

칼의 에이스처럼 칼끝이 위로 향한 모양을 만든다.

❶ 나의 정신은 어떻게 작동할까?

❷ 나는 내 아이디어를 어떻게 소통할까?

❸ 나는 다른 사람의 생각을 어떻게 들을 수 있을까?

❹ 나는 무엇을 배워야 할까?

❺ 나는 어떻게 배워야 할까?

동전의 에이스 *ACE of PENTACLES*

원소: 흙

테마: 슈트의 순수한 에너지

구름 속에서 나와 손바닥을 우아하게 구부린 채 동전을 내미는 손이 또 다시 등장한다. 이 카드에서는 다른 에이스 카드와 달리 요드가 등장하지 않지만, 손은 빛으로 반짝거리고 있다. 동전은 우리를 흙의 원소가 상징하는 물질적 세계로 들어가게 하며, 이는 미스터리나 신의 은총이 아니다. 이 카드에서 상징하는 선물은 매우 현실적인 것으로, 정원과 꽃같이 잘 다듬어진 자연의 모습으로 드러난다. 동전 슈트의 많은 카드들이 본래 엠블럼인 동전의 의미처럼 돈이나 일과 관련이 있으나, 이 카드에서는 안정적인 안식처를 의미한다. 천국paradise이라는 단어는 '페르시아의 벽으로 둘러싸인 정원Persian paradeiza'에서 온 말로, 아름답고 쉴 수 있는 곳을 의미한다. 동전은 천국의 마법 유니콘과 식물, 인간의 몸을 상징하기도 한다.

녹색 울타리 너머에는 산이 보이는데, 산은 고도의 진리를 상징하며 은둔자가 머무르는 곳이기도 하다. 열린 녹색 울타리는 21번 세계 카드 속 춤추는 사람을 둘러싼 리스를 떠올리게 한다. 동전이 주는 선물 그 이상의 기쁨을 찾으라는 듯 울타리의 열린 문에는 감시자가 없다. 불타는 칼이 길을 막고 있는 에덴동산과 달리 이 안식처는 언제나 열려 있다.

점술적 의미

자연의 선물, 안식처, 평화로운 장소, 진정으로 원할 때 얻는 돈과 일의 풍요.

역방향

돈과 안전에 관한 문제로 주변 사람과 갈등이 있는 상황, 새로운 것을 시작하기 위해 안전하고 편안한 상황을 떠남, 영적인 수련의 길을 시작함.

동전 2 *Two of Pentacles*

원소: 흙

테마: 선택, 균형

이 카드를 처음 보았을 때 라이더 웨이트 카드에서 가장 가벼운 카드처럼 보였다. 원뿔 모양의 모자를 쓴 피에로 같은 젊은 남자가 무한대 모양의 동전을 가지고 저글링을 하는 듯, 균형을 잡으려고 하며 지그재그로 스텝을 밟고 있다. 그의 뒤에는 마치 만화 같은 파도 위에서 배가 위아래로 출렁거린다. 그의 손에 있는 무한대 기호는 1번 마법사 카드를, 춤추는 자세는 0번 바보 카드를 연상시킨다.

그가 즐기고 있는 것처럼 보이는가? 이 카드가 나오면 리딩을 받는 사람에게 카드 속 남자의 표정에 관해 물어봐야 한다. 스미스 여사의 그림은 모호한 걸로 유명하다. 그가 저글링을 한다는 사실에 집중한다면 동전을 떨어뜨리지 않기 위해 긴장한 것으로 해석할 수 있다. 또 다른 질문은 그가 본인을 위해 저글링을 하는가, 아니면 다른 사람에게 보여주기 위해 하는가다.

동전 카드가 일, 돈과 연관되어 있고 숫자 2의 테마는 선택과 균형이기 때문에, 이 카드에서 삶의 다른 영역과 일 사이의 균형을 지속적으로 저글링하는 상황을 떠올릴 수도 있다. 우리가 이렇게 해야 하는 이유는, 한정된 돈 때문이기도 하지만 하나만 고를 수 없기 때문이기도 하다. 문제는 그것이 자신을 위한 것인지, 타인을 위한 것인지, 또 우리가 그것을 기쁘게 하는지, 불안해하면서 하는지, 또는 멈출 수가 없어서 하는지 에 달려 있다.

점술적 의미

일과 삶 또는 빠듯한 예산 안에서의 저글링, 책임감과 관계 또는 책임감 과 여가 사이에서 균형을 잡으려고 노력함, 카드 속 인물을 불안하게 보 는지 아닌지에 따라 해석이 달라진다.

역방향

저글링을 (의도적으로) 끝냄 또는 저글링하던 무언가를 떨어뜨림, 일과 개인 생활의 균형을 잡는 데서 실수를 하거나 어려움을 발견함.

동전 3 *Three of Pentacles*

원소: 흙

테마: 슈트의 에너지가 피어남

그림 속의 세 사람은 조각가, 사제, 그리고 건축가로 어두운 교회에서 일을 상의하는 것처럼 보인다. 중요한 점은, 우리는 그 프로젝트가 어떤 것인지 모르며 참여하는 인물만을 알고 있다는 것이다. 즉, 어떤 일의 결과물이 아니라 일 자체가 중요하다는 것이 이 카드의 핵심이다. 숫자 3의 피어나는 에너지를 동전에 적용하면, 우리는 장인에게 아이디어를 얻으면서 창조와 함께 협동까지 경험할 수 있다. 실용적인 것(건축)과 영적인 것(사제)은 창조적인 조각가가 더 수준 높은 결과를 만들도록 도와준다.

이 카드에서 동전은 교회 벽의 아치에 그려져 있다. 동전은 실용적인 목적을 달성하는 동시에 가장 높은 수준의 진실로 향하는 위쪽 삼각형, 즉 생명의 나무의 가장 높은 곳에 위치해 있다. 건축가는 위쪽과 균형을 맞추기 위해 아래에 삼각형과 흰 장미를 새겨 넣으라고 조각가에게 요청한다. 그것은 '위(하늘)에서와 같이 아래(땅)에서도 이루어지리라'라는, 신과 인간을 연결하는 자로서의 욕망을 표현한 것이다.

카드에 그려진 사람들의 모습은 교황과 두 사제를 떠오르게 하며 한 인물 아래에 두 인물이 있는 다른 카드를 연상시킨다. 여기서는 아주 미묘하게 조각가가 위쪽에 있지만, 그것은 일을 하기 위해서일 뿐이며 카드 자체는 지배와 복종보다는 협업을 나타낸다. 커리어에 관련된 리딩에서 이 카드가 나온다면 당신이 가장 잘할 수 있는 일을 찾으라는 것일 수도 있고, 파트너십이나 그룹으로 작업하는 일에 참여하라는 의미일 수도 있다.

점술적 의미

일에 통달하는 것, 예술가적 기교, 협동, 가능한 최고의 수준으로 일하거나 행동하는 것, 일에 대한 만족, 일과 일상에서 영적인 의미를 찾음.

역방향

일이나 일상에서의 평범함, 협동의 부족함, 최상의 능력을 보여줄 수 없는 상황이라면 그만두는 것을 의미.

동전 4 *Four of Pentacles*

원소: 흙

테마: 구조

동전 4 카드 속의 남자는 왕관을 쓰고 단순한 돌의자에 앉아 있다. 그의 뒤로는 도시가 보이고 동전은 그의 주변을 감싸고 있다. 그의 양발 아래 동전 두 개가 있고, 동전 하나는 그의 머리 위에, 다른 하나는 그의 가슴 앞에 있어 팔로 꽉 안고 있다.

동전은 흙의 단단함을 나타낸다. 이 카드 속 인물이 비록 자비로워 보이지는 않을지라도 숫자 4가 뜻하는 '구조'와 '돈의 현실성'은 매우 큰 관련이 있다. 많은 사람은 이 남자를 만지는 모든 것을 금으로 바꾸지만 정말로 아끼는 것들은 모두 파괴했던 마이더스 왕_{King Midas} 같은 구두쇠로 본다. 이 인물은 그림 아래쪽의 도시에서 누군가 와서 동전을 훔치기라도 할 것처럼 동전에 달라붙어 있다. 만일 이 카드가 칼 7 카드와 함께 나오면 특히 주의하라.

이 카드의 의미와는 반대로, 그는 거대한 부를 축적한 것처럼 보이지 않는다. '구조'라는 말의 의미를 생각해본다면, 그는 어떤 형식을 갖추기 위해 이미 소유물을 써버렸거나 일하는 데 사용했을지도 모른다. 발밑에 동전이 있으므로 그는 땅을 밟을 수 없다. 머리 위에 있는 동전은 영적 에너지를 막고, 가슴 위의 동전은 가슴과 폐와 명치를 닫고 있다. 그러나 삶

자체를 차단할 수는 없는 법, 그의 등은 삶에 노출되어 있다.

점술적 의미

소유한 것을 꽉 붙들고 있는 상태, 삶을 조직하거나 다른 사람을 감정적으로 차단하기 위해서 물질적인 것을 사용하는 상황, 인색하게 구는 데서 오는 긴장 상태.

역방향

다른 사람들에게 마음을 열거나 새로운 경험을 하기 위해 가진 것을 내놓는 것, 일상적 체계의 부족, 당신에게 가장 중요한 것을 지키라는 경고.

동전 5 *Five of Pentacles*

원소 : 흙

테마 : 어려움

테마가 어려움인 이 카드는 동전 카드에서 가장 암울한 카드 중 하나다. 맨발의 여성과 붕대를 두르고 목발을 짚은 남성이 누더기 옷을 입고 눈보라를 헤치며 교회의 스테인드글라스 앞을 지나고 있다. 교회는 가난하고 아픈 사람을 위한 안식처이지만, 그림 속에서는 문이 보이지 않는다.

어떤 사람들은 동전 5 카드가 부자를 비판하는 것이라고 말하지만 어떤 사람들은 그림 속 인물의 심리 상태에 초점을 맞춘다. 그들은 가난 때문에 괴로워하고 있지만 안식처의 가능성 자체를 알아채지 못한다. 남자를 가까이 들여다보라. 그의 목에 걸려 있는 종이 보이는가? 수 세기 전에는 한센병으로 고통받는 사람들에게 강제로 그런 종을 걸게 했고, 사람들은 전염될까 두려워하며 종소리를 듣고 그들을 멀리했다. 즉, 그들은 사회에서 거부당한, 정말 버림받은 사람들인 것이다.

그러나 카드 속 인물들에게는 서로가 있다. 그 둘을 지배하거나 도와주는 제 3의 인물은 존재하지 않는다. 그래서 이 카드는 고통으로 결합된 관계를 의미하기도 한다.

동전 5 카드의 스테인드글라스는 생명의 나무의 상반부와 같은 형태를 하고 있다. 생명의 나무 전체를 볼 수 있는 동전 10 카드를 생각했을 때, 5는 10의 절반이므로 상반부만 존재하는 것이 이치에 맞다. 그러나 아랫부분이 없는 윗부분은 위태로울 수 있다.

점술적 의미

경제적이거나 육체적인 고난 속에서 돕는 관계, 자신의 고통은 과장하면서 다른 가능성은 보지 못함, 사회의 법칙 밖에서 사는 사람들.

역방향

괴로움에서 해방됨, 회복, 타인이나 사회의 도움, 카드가 뒤집히면 창문이 문으로 보인다, 어려운 시절에 뭉친 관계이므로 좋은 시절에는 오히려 부담스러운 관계일 수 있다.

동전 6 *Six of Pentacles*

원소 : 흙

테마 : 동등하지 못한 관계, 관대함

이 카드의 그림은 관대함과 동등하지 못함이라는 테마를 완벽하게 나타낸다. 웨이트 경이 '상인의 겉모습을 한 사람'이라고 표현했던 자가 거지에게 동전을 주고 있으며, 또 다른 거지는 자신의 차례를 기다리고 있다. 누군가는 동전 5에서 괴로워하던 사람들이 후원자를 찾았다며 이것을 해피엔딩으로 보기도 한다.

사실 이 카드는 매우 도발적인 마이너 아르카나 중 하나다. 카드 속 사람들은 꼭 무릎을 꿇고 구걸해야만 하는 걸까? 상인이 자신이 줄 수 있는 만큼만 베풀겠다는 듯 조심스럽게 동전을 계량하는 모습을 보라. 이것이 정말 관대한 모습인가?

'상인의 겉모습을 한 사람'이라는 의미를 생각하며 왼손의 저울을 보면, 메이저 아르카나의 11번 정의 카드가 떠오른다. 타로 리더 에디트 크라츠Edith Katz는 겉모습guise을 변장disguise으로 해석하고, 카드 속 상인을 11번 정의 카드가 사람으로 변장하고 세상에 나타난 것으로 보았다.

우리는 때때로 무릎을 꿇고 친구나 가족, 또는 삶 그 자체에 도움을 요청해야 한다. 그럴 때 의지만으로는 아무 일도 벌어지지 않는다. 이런 '행동'은 다른 사람이 기꺼이 당신을 도울 수 있게 만드는 '첫걸음'이다. 나는 이것을 '받을 수 있는 자세를 취하는 것'이라고 표현한다. 그 행동만으로 우리는 필요한 것을 얻을 수 있고 그 어떤 것도 필요로 하지 않는 순간에 이를 수 있다.

점술적 의미

자선, 도움이 필요한 사람을 도움, 이 도움은 감정적인 것일 수도 있고 실질적인 것일 수도 있다, 도움을 요청하거나 누군가가 당신을 도울 수 있게 행동하라.

역방향

자선을 바라기보다 스스로를 도우라, 계산적이거나 제한적이지 않은 관대함, 동등한 관계에서 서로 돕는 것.

동전 7 *Seven of Pentacles*

원소: 흙

테마: 행동

동전 7 카드는 매우 간단한 그림이지만 인물을 어떻게 보느냐에 따라 해석이 달라지는 카드다. 그는 만족하고 있는가? 좌절하고 있는가? 휴식을 취하고 있는가? 해야 할 일을 걱정하고 있는가? 라이더 웨이트 카드는 스미스 여사의 모호한 그림 덕분에 이렇게 열린 해석이 끝없이 가능하다. 그러므로 리딩을 받는 사람에게 이 그림에서 무엇이 보이는지 묻는 것을 주저하지 말고, 특히 덤불 속 동전을 바라보는 남자에 대해 물어보라.

지구의 토대를 상징하는 동전과 숫자 7의 테마인 '행동'이 만나 동전 7 카드는 휴식이라는 의미를 지닌다. 다른 기사 카드와 달리 말이 움직이지 않는 동전의 기사 카드를 생각해보라. 그러나 일을 다 끝마치고 나서도 계속 그 일을 생각하거나 새로운 일을 고민하는 상황이라면, 휴식을 의미하는 것이 아닐 수도 있다. 어떤 프로젝트나 과제를 수행하는 중에도 이 카드를 뽑을 수 있다.

그는 쟁기나 삽처럼 보이는, 반쯤 흙에 묻혀 있는 정원 도구에 몸을 기대고 있다. 이는 일을 삶의 중심에 둔 사람의 모습을 상기시킨다. 지혜에 기댄 9번 카드 속 은둔자와 더 높은 것을 찾기 위해서 지팡이를 짚고 떠난 컵 8 카드 속 인물과도 비교해보자. 이 남자는 자신의 일에 만족해서 머무르는 것처럼 보이지만 떠나는 것을 갈망할 수도 있다. 해석은 우리가 이 사람을 어떻게 보느냐에 달려 있다.

점술적 의미

일을 쉬는 것, 다음 일은 무엇일지 생각하는 것, 만족? 좌절? 불안? 평화? 이미지를 어떻게 보느냐에 따라 모든 해석이 가능하다.

역방향

일의 재개, 다음 무대나 다음 프로젝트, 질문과 다른 카드에 따라 새로운 것을 찾기 위해 하던 프로젝트나 일을 떠남.

동전 8 *Eight of Pentacles*

원소: 흙

테마: 행동

붉은 곱슬머리 청년이 석공이 입는 앞치마를 두르고 의자에 앉아 끌로 동전을 다듬고 있다. 벽에 걸린 동전들을 자세히 보면 약간씩 다르게 생겼다는 것을 알 수 있다. 동전 8 카드에서는 기계와 대조되는 의미의 장인을 볼 수도 있고, 연마 중인 견습생을 볼 수도 있다. 이 인물을 동전 3 카드에서 장인으로 등장한 조각가와 비교할 수도 있다.

행동이란 테마는 이 카드에서 일하는 행위로 표현된다. 새로운 동전들은 그를 앞으로 나아가게 만들지만, 그것이 목표의 끝은 아니며 단지 자신이 하고 있는 일에 만족할 뿐이다. 이 카드에서는 할당을 채우고 있다는 느낌이나 동전 7 카드에서 보이는 인내심 부족이 드러나지 않는다.

멀리 보이는 도시의 입구부터 조각가가 일하는 작업장까지는 길이 나 있는 듯하다. 그러나 그의 옆에 아무도 없는 것처럼, 그는 동전이 팔리든 말든 신경 쓰지 않는다. 그는 일을 지속하는 것 자체에 만족하고 있다.

생명의 나무의 8번 세피라는 '지성'을 상징하는 신 머큐리 Mercury 와 연결된다. 머큐리는 재빠르고 변화무쌍하지만 동전 슈트에서는 꾸준히 일하며 집중하며 헌신하는 모습을 보여준다.

전술적 의미

특히 일하는 상황에서의 안정성, 만족, 헌신, 느리고 꾸준한 진행 과정, 결과에 상관없이 즐길 수 있는 일이나 활동.

역방향

상황에 대한 좌절이나 불만족, 장기 계획의 필요성, 삶의 중요한 시점에서 높은 수준으로 올라가는 것, 관계나 일 모두 해당될 수 있다.

동전 9 *Nine of Pentacles*

원소: 흙

테마: 강렬함, 높은 수준

동전 슈트는 성공, 무너짐, 그리고 회복이라는 큰 줄거리를 갖고 있다. 에이스부터 동전 4 카드에서 거둔 성공은 동전 5 카드에서 무너진다. 동전 6 카드에서는 도움을 받고, 동전 7 카드에서는 힘든 일의 결과에 대해 심사숙고하지만 우선 제대로 마치는 것이 필요해 보인다. 동전 8 카드에서는 헌신을 보여주며, 동전 9 카드에서는 삶에서 무언가를 이룬 후에 오는 만족을 보여준다. 이 모든 것은 노력의 결과이다. 과잉의 동전 10 카드는 동전 열 개의 가치를 묻지만, 우선 동전 9 카드에서는 만족감이 보인다.

카드 속 여자는 사랑을 주관하는 금성의 기호가 꽃처럼 그려진 로브를 입고 있다. 그녀는 혼자 서 있지만 그녀의 손 위에 있는 매를 바라보느라 부드럽게 고개를 숙인 모습에서 사랑이 엿보인다. 포도 덩굴에서 자라는 포도는 풍요와 행복을 상징한다. 비옥한 삶뿐만 아니라 안정과 안전을 상징하는 달팽이가 그림 아래쪽을 지나가고 있다.

훈련된 매는 모자를 쓰고 있으며 훌쩍 날아가지 않는데, 이는 훈육을 상징한다. 이를 악물고 강제로 시키는 훈련이라기보다 온전히 의지로 헌신하는 것을 상징한다. 그녀는 혼자 서 있다. 아마도 관계를 포함한 어떤 것들을 희생했을지도 모른다. 그녀의 숫자인 9는 9번 카드 속 은둔자를 연상시킨다. 그녀는 자신이 노력해서 이룬 삶을 사랑하는 것처럼 보인다.

점술적 의미

자기 훈련, 성취, 삶이나 커리어에서 이룬 것에 만족함, 프로젝트의 완성.

역방향

자기 훈련의 부족, 자신을 낮게 평가함, 장기적인 목표보다 즉흥적인 선택을 함, 다른 사람들과 즐기느라 일을 쉬는 것.

동전 10 *Ten of Pentacles*

원소 : 흙

테마 : 과잉

복잡한 건물의 아치형 입구에 한 가족이 서 있다. 모든 것이 아치 안에 질서 정연하게 들어차 있지만, 컵 10 카드의 기쁨에 찬 가족과 비교하면 이들은 좀 뻣뻣해 보인다. 여성은 어깨 너머로 남성을 바라보고 있지만 남성은 건물을 바라보고 있다. 그는 끝에 흰색 수정이 달린 검은 막대를 왼손으로 잡고 있는데, 메이저 아르카나의 전차 카드 속 인물이나 마법사처럼 보이기도 한다. 오른쪽 아이와 강아지는 마치 겁을 먹은 듯이 여성에게 기대고 있다.

아치 밖에는 신비로운 백발의 남자가 앉아 있지만 그는 개에게만 보인다. 그는 많은 상징이 박힌 로브를 통해 신비한 존재임을 전달하려는 듯하다. 동전의 과잉은 부와 안정을 의미하지만, 그것은 사람과의 감정적 연결을 포기하거나 세상의 놀라움에 대한 감각을 잃어버리는 것일 수도 있다.

생명의 나무의 이미지를 보여주는 카드들은 많다. 2번 고위여사제 카드에서도, 동전 5 카드에서도 생명의 나무의 윗부분이 등장한다. 그러나 이 카드에서는 생명의 나무 전체가 온전히 드러나며 다른 상징과 분리되어 그려졌다. 동전 9 카드의 여성은 동전을 만지고, 동전 8 카드의 남성은 동전을 창조한다. 이 카드는 다시 한 번 물질적인 부와 영적인 진리 사이의 괴리를 보여준다.

부유하고 안정적이지만 따분하거나 얕은 삶, 타로 리딩을 받는 사람은
중요한 것을 잃어버렸을 수 있다, 전통적으로는 상속을 의미함.

역방향

삶에서 깊은 의미를 발견하거나 더 넓은 현실을 발견하는 것, 가족이 더
많이 소통하는 것, 모험을 위해 안정을 포기하고 위험을 감수, 상속이
연기되거나 문제가 생김.

· 동전 슈트 카드를 위한 스프레드 ·

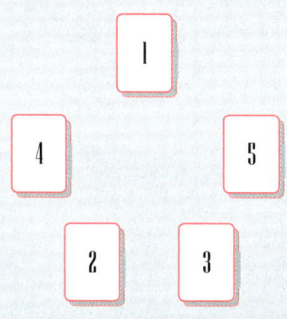

❶ 나의 진정한 일은 무엇일까?

❷ 그것을 하는 데 무엇이 도움을 줄까?

❸ 무엇이 나를 붙잡고 있을까?

❹ 나의 일을 위해 극복해야 할 것은 무엇일까?

❺ 지금 바로 해야 할 행동은 무엇일까?

코트 카드

The Court Cards

숫자 4는 우리 삶의 구조를 의미한다. 우리 몸에는 두 개의 팔과 두 개의 다리가 있고 전후좌우, 네 개의 방향을 가리킬 수 있다. 지구는 자전축을 중심으로 자전하며 북극과 남극이 존재한다. 이 자전축에 직각으로 선을 그으면 동과 서가 된다. 북쪽을 바라보고 양팔을 뻗으면 몸의 앞은 북쪽을, 뒤는 남쪽을, 오른쪽은 동쪽을, 그리고 왼쪽은 서쪽을 가리키게 된다. 일 년에는 네 개의 특별한 날, 즉 춘분, 하지, 추분, 동지가 있어 사계절이 완성된다.

타로에는 네 개의 슈트가 있다. 네 개의 슈트에는 각각 시종, 기사, 여왕, 왕이라는 네 개의 코트 카드가 존재한다. 대부분 카드 게임에는 세 개의 코트 카드, 그러니까 잭(시종), 여왕, 왕만 있음을 떠올려보라. 기사는 항상 말을 타고 떠나기 때문에 사람들이 만날 수 없었다. 하지만 사람들은 완전한 타로카드를 만들고 싶어 했고, 기사 카드는 기사의 역할에서 복귀하여 시종, 여왕, 왕과 함께하게 되었다. 본디 기사는 공주를 구하거나 용을 죽여서 자신이 맡은 임무를 수행해야 한다. 그 일을 마치고 돌아오는 것이 그들의 역할이다.

코트 카드를 가족으로 이해하는 것 또한 가능하다. 왕과 여왕은 부모로, 기사와 시종은 형제나 자매로(기사가 더 나이가 많은 쪽이다) 보는 것이다. 숫자가 있는 마이너 아르카나가 해당 숫자와 슈트의 성격을 함께 가졌던 것처럼 시종, 기사, 여왕, 왕 카드 역시 두 가지 성격을 동시에 지닌다. 즉, 막대의 시종 카드는 막대의 성격과 시종의 성격을 지니는 것이다. 시종은 젊음을 의미하고 막대는 불의 원소이므로, 막대의 시종은 실력이 검증되지 않았지만 열렬한 젊음을 상징한다.

황금새벽회의 헤르메틱 카드는 이런 성향을 더 직접적으로 나타내며, 코트 카드 역시 원소의 성향을 가진다고 본다. 불, 물, 공기, 흙은 각각 왕, 여왕, 기사, 시종에 대응된다. 헤르메틱 카드는 코트 카드의 명칭까지 바꿔버렸지만 전통적인 카드와 의미는 같다. 슈트 카드 역시 4원소의 성향을 가지므로 코트 카드 한 장은 두 가지 원소의 성향을 가진다.

	불/막대	물/컵	공기/칼	흙/동전
불/왕	불의 불	물의 불	공기의 불	흙의 불
물/여왕	불의 물	물의 물	공기의 물	흙의 물
공기/기사	불의 공기	물의 공기	공기의 공기	흙의 공기
흙/시종	불의 흙	물의 흙	공기의 흙	흙의 흙

어떤 카드의 성격을 찾기 위해서는 카드의 이름을 해석해 보는 것이 필요하다. 예를 들어 컵의 기사를 보자. 기사는 공기 성향이고 컵은 물 성향이므로, 컵의 기사는 물의 공기가 된다. 동전의 여왕 같은 경우, 여왕은 물이고 동전은 흙이므로 흙의 물이 된다.

각각의 슈트에서 하나의 카드는 완벽한 매칭을 이룬다. 막대의 왕은 불의 불이고, 컵의 여왕은 물의 물이며, 칼의 기사는 공기의 공기이고, 동전의 시종은 흙의 흙이다. 카드 이름을 목록으로 정리해보면 더 직관적으로 의미를 파악할 수 있다. 그렇지만 타로 리딩은 항상 과학보다 예술에 가깝기에 고정적인 의미보다는 새로운 의미를 찾아내길 권한다.

코트 카드를 덜 도식적으로 볼 수도 있다. 각각의 코트 카드를 발달의 단계로 보고, 각 슈트의 성격을 배워나가는 수련생으로 보는 것이다. 용맹한 막대의 시종은 열심히 세상으로 들어가려는 사람이다. 반대로 컵의 시종은 사색적이고 무언가에 빠져 있으며 고요해 보인다. 시종 카드는 전체적으로 책임이 따르는 중요한 일을 맡지 않았다. 그들은 아직 경험하는 단계다.

기사는 다음 단계인 모험과 헌신을 상징한다. 기사는 이상

주의적인데, 전장에서 싸우고 있는 용맹스러운 칼의 기사가 그런 기사의 모습을 가장 잘 형상화한 듯하다. 기사에게는 시종보다 많은 책임이 따른다. 그들은 말을 타고 모험을 떠나지만, 우리는 그들이 용을 죽이고 보물을 찾아서 다시 돌아올 것이라고 믿는다.

여왕과 왕은 성숙한 모습을 보여준다. 나는 여왕이 원소의 마스터라고 생각하는데 여왕 카드는 슈트의 가장 고차원적인 면을 보여준다. 칼의 여왕은 절대적인 진실을 맹세하며 정의 카드와 칼의 에이스처럼 칼끝이 위를 향하도록 칼을 들고 있다. 막대의 여왕은 행복한 원소인 불의 슈트로서 삶을 사랑하고 있다. 밝은색 해바라기를 손에 든 채 앉아 있는 그녀의 앞에는 검은색 고양이가 그녀를 지키듯 붙어 있다.

반면에 왕은 더 많은 책임감을 가지고 있는데, 중세에는 왕이 결정을 내리고 국가를 통치해야 했기 때문이다. 왕이 권위를 상징한다면 여왕은 통달을 상징한다. 네 개의 왕 카드 중에 이 역할이 가장 편안해 보이는 카드는 칼의 왕이다. 칼은 정신을 뜻하므로 스스로 결정을 내리고 명령할 수 있기 때문이다. 이 카드는 유일하게 정면을 바라보고 있는 코트 카드이기도 하다.

어떤 카드들은 원소의 성격을 거스르는 역할을 맡고 있다. 예를 들어 막대의 왕이 왕좌 가장자리에 앉아 있는 모습을 보라. 불은 모험을 좋아하고 갇혀 있는 것을 싫어하므로, 막대의 왕은 말을 타고 돌아다니던 기사 시절을 그리워하는지도 모르겠다.

타로 리딩의 가장 기본적인 법칙은 여기서 시작한다. 왕은 남성을 상징하는 것이 아니며 여왕 또한 여성을 상징하는 것이 아니다. 우리는 성별을 고정해서 생각하는 경향이 있지만, 왕처럼 굴면서 지배하기를 좋아하는 여성이 있고 여왕처럼 깊은 에너지를 보여주는 남성도 있다. 시종과 기사 역시 성별을 떠나 열린 해석을 해야 한다.

나는 코트 카드를 살펴보면서 한두 가지 테마로 각 카드의 성질을 나타낼 수 있는지 확인해 보았다. 생각보다는 쉬웠다. 막대의 기사의 '모험'은 칼의 기사의 '용기'와 대조적이다. 각각의 코트 카드에 대해 내가 내린 결론을 앞으로 소개하겠지만 당신도 직접 시도해보길 바란다. 코트 카드를 모두 꺼내 리딩을 해본 후에 이 책이나 다른 책에서 코트 카드의 의미를 찾아보면 더욱 좋다. 카드를 하나하나 살펴보라. 카드 속 인물의 자세, 주변에는 무엇이 있는지, 슈트의 엠블럼과는 무슨 관련이 있는지를 보라. 그러고 나면 자신만의 테마를 찾을 수 있을 것이다.

지금까지 우리는 코트 카드의 성격과 에너지, 기능을 살펴 보았다. 그러나 코트 카드를 이해하는 전통적인 방법은 그들을 특정한 성격을 가진 실제 사람으로 해석하는 것이다. 여성이 결혼에 대해 질문했을 때 왕 카드가 나오면 그녀의 남편으로 해석하고, 기사는 그녀의 연인을 가리키며, 시종은 그녀의 아이를, 여왕은 자신 또는 다른 여성을 의미할 수 있다. 일에 관한 질문에서 왕은 상사를 가리킨다. 그렇다면 특정한 코트 카드가 누구를 상징하는지 어떻게 확신할 수 있을까? 나는 코트 카드의 성격과 에너지로 카드가 가리키는 사람을 가리는 것을 좋아하는데, 때로는 직관을 따르기도 한다. 나이와 머리색, 피부색으로 정체성을 가려내는 고전적인 방법으로 그 사람을 찾을 수도 있다. 나는 라이더 웨이트 타로의 시종은 아이나 학생, 기사는 20~30대의 결혼하지 않은 성인, 여왕은 성숙한 여성, 왕은 성숙한 남성으로 분류했다. 막대는 밝은 머리에 푸른 눈을 가진 사람이고, 컵은 옅은 갈색 머리에 회색이나 담갈색의 눈을 가졌으며, 칼은 어두운 갈색 머리에 갈색 눈, 동전은 검은색 머리에 검은 눈을 가진 사람으로 보았다.

매우 제한적인 구분이지만 각각의 카드에 이러한 성격을 대응해보았다.

마지막으로 한 코트 카드를 꼭 한 사람으로 정의할 필요는 없다는 것을 말해두고 싶다. 예를 들어 두 명의 여왕이 한 사람의 태도나 경험을 의미할 수도 있다. 켈틱 크로스 스프레드에서 첫 번째 카드가 칼의 여왕이고 가까운 미래가 동전의 여왕이라면, 이는 타로 상담을 받는 사람의 마음이 가벼워지고 있음을 보여준다. 그녀는 상실의 슬픔에서 회복해서 현실을 바라보는 상태가 된 것이다.

코트 카드가 실제 사람만을 상징한다면, 카드 속 인물이 아무것도 하고 있지 않으면 해석이 어렵다고 느낄 수 있다. 동전의 기사와 칼 6 카드 속 인물은 아무 행동도 하지 않고 서 있거나 앉아 있다. 다른 카드처럼 코트 카드도 리딩할수록 점점 더 편안해질 것이다. 우리는 모든 것을 알려주고 모든 것을 보여주며 모든 것을 말해주는, 신비하지만 진부한 타로 리더처럼 모든 것을 술술 말할 필요는 없다. 때로는 타로 상담을 받는 사람에게 "컵의 왕 카드를 보면 떠오르는 사람이 있나요? 그 사람은 본인인가요?"라고 물어보면서 코트 카드를 해석할 수도 있다.

PAGE of WANDS.

막대의 시종 PAGE of WANDS

원소: 불 / 원소 조합: 불의 흙 / 테마: 열의

신체 특성: 밝은색 머리와 푸른 눈을 가진 아이나 젊은이

스미스 여사의 특징인 양성적인 모습의 시종은 예쁘장한 젊은 남성처럼 보인다. 그는 잘 꾸민 튜닉으로 차려입고, 꽃이 달린 노란 망토를 둘렀으며, 바보 카드와 태양 카드가 떠오르는 빨간 깃털이 달린 경쾌한 모자를 쓰고 있다. 긴장한 채로 힘을 주고 서서 머리를 뒤로 살짝 젖히고 막대를 꽉 잡은 모습은 자신감 있어 보이며, 곧 무슨 일을 일으킬 듯한 느낌마저 준다. 그는 막대 카드에서 가장 어린 인물로, 우리는 그를 열의에 차 있고 흥분해 있는 '시작'의 카드로 해석한다. 나는 막대의 시종 카드를 코트 카드의 첫 번째 카드로 본다. 시종은 각 슈트의 처음이고 막대는 첫 슈트이기 때문이다. 모든 것은 새롭고 신선하다. 시종은 모래 언덕이나 피라미드 앞의 사막에 서 있다. 불은 항상 주변을 태워버릴 위험을 가지고 있다.

그의 튜닉에 그려진 샐러맨더salamander(불 가운데를 걷고 불을 끄는 힘이 있으며 불 속에서 산다고 전해지는 전설 속의 불도마뱀)를 보라. 대부분 꼬리가 입에 닿지 않는데, 이는 무언가가 끝나지 않았음을 상징한다. 미래는 아직 그의 앞에 놓여 있다.

전통적인 타로에서 시종은 메신저로 불린다. 불의 메시지는 무엇일까? 아마도 삶을 즐기고, 기회를 받아들이며, 새로운 것을 시작하라는 의미일 것이다. 어떤 사람들은 이 카드가 충실한 연인을 상징한다고 본다.

점술적 의미

신선함, 열광적임, 새로운 것을 시작하는 의지, 젊고 에너지가 넘치는 어떤 사람, 흥분되는 뉴스, 헌신적이거나 신뢰할 수 있는 연인.

역방향

불확실한, 주저하는, 특히 0번 바보 카드 역방향과 함께 나오면 주의, 칼 7 카드와 함께 나오면 신뢰할 수 없는 연인을 의미할 수 있다.

KNIGHT of WANDS.

막대의 기사 *KNIGHT of WANDS*

원소 : 불 / 원소 조합 : 불의 공기 / 테마 : 모험

신체 특성 : 밝은색 머리카락과 푸른 눈을 가진 20~30대

기사 카드의 역할은 간단하다. 말을 타고, 임무를 수행하고, 영웅적인 행동을 하고, 승리의 전리품을 가지고 돌아오는 것이다.

　막대의 기사에게 주어진 임무는 주로 모험이었을 것이다. 그는 근사하고 철두철미하며 에너지가 넘친다. 그는 반복되는 일에 짜증을 내고 인내심이 부족할 수도 있지만, 동시에 영웅적이며 이상주의자다.

　그가 타고 있는 말은 앉아 있기 힘들 정도로 몸을 높이 들고 있다. 말은 어디론가 가고 있지는 않지만, 동전의 기사를 태운 말처럼 무심해 보이지도 않는다. 이 금빛 말은 발굽이 땅에 닿기만 하면 전속력으로 달려갈 것만 같다. 막대의 기사는 어디에도 속하고 싶지 않지만, 잘못된 것을 바로잡고 싶은 열망이 가득한 이상주의자다.

　우리는 막대의 시종과 왕 카드에 그려진 샐러맨더를 기사의 튜닉에서도 볼 수 있다. 대부분 샐러맨더의 꼬리가 입에 닿지 않게 그려졌는데, 이는 아직 끝나지 않았음을 상징한다. 기사는 정착하기 전에 더 많은 경험을 쌓아야 할 것이다.

점술적 의미

모험, 만용, 에너지와 힘이 넘치는 사람, 아주 매력적이고 용감한 사람,
여행을 의미할 수도 있다.

역방향

연기가 되거나 방해를 받는 상태, 카드를 뒤집으면 기사가 말에서 떨어지
는 모양새가 되므로 준비가 되지 않았는데 만용을 부리는 상태.

막대의 여왕 *QUEEN of WANDS*

원소: 불 / 원소 조합: 불의 물 / 테마: 삶에 대한 사랑

신체 특성: 밝은색 머리와 푸른 눈을 가진 중년 여인

막대의 여왕은 사막 속 왕좌에 앉아 있다. 왕좌 양쪽에 사자가 새겨져 있고 등받이에도 사자가 그려져 있다. 황금새벽회는 그녀를 사자자리의 상징으로 보았는데, 사자자리는 열두 별자리 중 여름에 해당하는 별자리다. 왕좌에는 해바라기가 장식되어 있고 여왕은 왼손에 해바라기를 들고 있으며 오른손은 막대를 잡고 있다. 이 모습을 보면 태양 카드가 떠오르는데, 태양 카드의 아이 뒤에도 해바라기가 줄지어 자라고 있기 때문이다. 꽃으로 덮인 그녀의 왕관은 막대의 왕 카드에서 불같이 빛나는 금색 왕관과 비교된다. 그녀는 사막에 물을 주듯이 불의 공격성에 감정을 더하는 사람이다.

막대의 여왕의 발 앞에서 마녀의 친구인 검은 고양이를 볼 수 있는데, 그 고양이는 마치 그녀를 지키기 위해 보내진 수호신처럼 보인다.

막대의 여왕은 자신감에 차 있고 강하고 행복하다. 여왕 카드의 가장 중요한 성격은 통달이다. 그녀는 불의 주인이며 완전한 자신감을 가진 여성성을 상징한다. 막대는 성적인 에너지이므로 라이더 웨이트 타로는 그녀를 매력적인 여왕으로 묘사한다.

그녀의 차분한 자신감은 위기 상황에서 그녀를 돋보이게

만든다. 사자자리의 자신감과 행복에 대한 열망을 가진 그녀
는 종종 사람들이 약해 보이거나 과도하게 감정적으로 굴면
짜증을 낼 수도 있다.

점술적 의미

자신감에 차 있고 생명력을 주며 관대하지만 때때로 화를 낸다. 성적으
로 열정적이지만 약해 보이거나 주저하는 파트너에게는 인내심이 없을
수 있다. 편안하고 즐거운, 인생에 대한 사랑.

역방향

위기 상황에서 관대하고 좋은 사람이지만 그 상태가 오래가지는 않는다.
사람에게 둘러싸여 삶을 즐겨야 하는 사람이며 한계를 이해하는 데 어려
움을 겪는다.

KING of WANDS

막대의 왕 *KING of WANDS*

원소 : 불 / 원소 조합 : 불의 불 / 테마 : 자신감(거만함)

신체 특성 : 밝은 머리와 푸른 눈을 가진 중년 남성

막대의 왕은 강한 모습으로 왕좌에 앉아 있으며, 붉은색 로브를 입고 불꽃 모양의 금빛 왕관 아래에 붉은 투구를 쓰고 있다. 고집스러운 표정과 반쯤 쥔 주먹은 참을성 없는 성격을 보여준다. 그의 왕좌 등받이에는 사자와 샐러맨더가 그려져 있고 그의 망토에는 더 많은 샐러맨더가 그려져 있다. 샐러맨더는 꼬리부터 입까지 원을 이루고 있는데 이는 완전함과 성숙을 상징한다. 미완성 상태인 시종과 기사 카드와 비교해보라. 작고 검은 샐러맨더가 왕좌의 단상에 나타나 있다.

여왕은 자신의 원소에 통달해 있지만, 왕은 지배하고 결정하는 능력이 필요하다. 불의 왕은 사악하지는 않지만 거만해 보일 정도의 자신감을 가지고 있어 주저하거나 의심이 많은 사람을 이해하는 데는 어려움을 겪을 수 있다.

왕은 왕좌에 앉아 도움을 필요로 하는 사람들을 다스린다. 현대사회에서는 매일 일하러 가야 하는 사람을 의미할 수 있다. 하지만 그것은 가끔 문제가 된다. 불은 움직이고 싶어 하기 때문이다. 무언가를 계속 붙잡고 있는 것을 거부하는 자유로운 원소다. 그림 속 왕은 왕좌에 기대어 앉기보다는 똑바로 앉고 싶어 한다. 마치 기사처럼 말을 타고 나가 용을 죽이고 공주를 구하는 환상에 빠져 있는 것처럼 보이기도 한다. 어쩌면 그는 책임 없이 삶을 즐기는 여왕을 질투하고 있을지도 모른다.

점술적 의미

강하고 자신감 넘치는 중년 남성 또는 여성, 행동이나 생각이 너무 느린 사람에게는 참을성이 없으며 보스 기질을 억누를 수 없음, 속임수나 나쁜 의도는 없으며 단지 에너지가 넘칠 뿐이다, 자신감, 요구가 많은 상사.

역방향

시험에 빠지거나 막다른 상황에서는 화를 낼 수도 있다, 모험을 갈망하기에 책임감을 포기하거나 다른 사람을 위해 일하는 것을 억울해 함.

PAGE of CUPS.

컵의 시종 *PAGE of CUPS*

원소: 물 / 원소 조합: 물의 흙 / 테마: 상상력

신체 특성: 밝은 갈색 머리와 회색 또는

암갈색 눈을 가진 어린이 또는 젊은이

즐겁고 매혹적인 표정의 컵의 시종은 우아하며 여유 있어 보인다. 시종은 컵 속의 물고기를 바라보고 있다. 동전의 시종과 막대의 시종처럼 그도 꽃 달린 모자와 연꽃으로 장식한 아름다운 옷을 입고 있다. 연꽃은 물속에서 자라 태양을 향해 우아한 꽃을 피우기 때문에 존재의 바다에서 자라난 자각을 상징한다. 19세기 초에 이 카드는 '명상, 심사숙고'를 의미했다. 프랑스의 점술가 에틸라Etteila의 해석이다. 이집트 신화에서 태양의 신은 연꽃에서 태어났고, 인도 신화에서 연꽃은 신의 여성성을 상징한다.

시종의 뒤에 단순하게 그려진 물결과 에너지가 넘치는 왕의 바다를 비교해보라. 책임감이 없는 시종은 물고기를 바라보는 방식처럼 감정과 상상도 매우 단순하다.

시종과 물고기는 서로 대화를 나누는걸까? 둘의 모습은 소원을 이루어준다는 기적의 동물을 상기시킨다. 동화 속에서 기적의 동물을 만난 사람들은 종종 욕심과 이기심 때문에 비참한 결말을 맞는다. 컵의 시종은 어떤 소원을 말했을까? 아마 이 카드는 고요하게 흐르는 물을 관찰하며 우리의 상상력에서 나오는 무언가를 즐기라는 의미일 것이다.

점술적 의미

고요, 명상, 특별한 목적 없이 영적이거나 공상적인 주제에 관심을 보임, 아름다운 것을 사랑하는 사람, 심령적인 것을 포함한 잠재의식에서 온 메시지.

역방향

상상이나 잠재의식 때문에 곤란을 겪는 사람, 행동하거나 결정하는 것에 대한 압박과 책임.

KNIGHT of CUPS.

컵의 기사 *KNIGHT of CUPS*

원소: 물 / 원소 조합: 물의 공기 / 테마: 꿈, 내적 성찰

신체 특성: 밝은 갈색 머리와 회색 또는

딤갈색 눈을 가진 20~30대

컵의 기사의 회색 말은 인사하듯이 천천히 고개를 숙이고 있는데, 몸을 뒤로 젖힌 막대 카드 속 말이나 달려가는 칼 카드 속 말, 무신경한 동전 카드 속 말과는 확실히 달라 보인다. 기사의 튜닉에 그려진 물고기는 물을 상징하며 그의 투구와 말 안장 양쪽에 달린 깃털은 공기를 상징하므로, 결국 카드의 원소 조합인 물의 공기가 된다. 그는 컵을 줄 것처럼 내밀면서도 그것을 주시하고 있는데, 아마도 컵을 주고 싶은지 확신하지 못하는 듯하다.

이 카드는 관계에 관한 리딩을 할 때 매우 흥미롭게 해석된다. 기사는 로맨스를 상징하는 인물로 전통적인 기사도에서 그는 이기심 없이 여성에게 봉사하고 사랑을 준다. 컵 슈트 역시 로맨틱하다. 한편으로 컵은 몽상적인 것을 상징하므로 환상이나 감정에 이끌려 자신의 내면으로 향할 수도 있다. 그림 속 기사는 사랑에 끌렸지만 아직은 내적 세계를 추구하고 싶을지도 모른다. 만일 이 카드가 은둔자 카드 옆에 나왔다면, 내면을 향하는 성격이 더욱 강해질 것이다. 반면 연인 카드나 컵 2 카드와 함께 나왔다면 로맨틱한 면이 더욱 강해질 것이다.

이 카드가 나오면, 우리는 그가 느린 말을 타고 어떤 임무를 수행하는지 궁금할 것이다. 컵이 그를 이끌고 있나? 그는 왜 컵을 바라보고 있을까? 만일 컵이 그가 획득한 상이라면 그는 이 상을 떨어뜨리고 싶지 않아서 천천히 달리는 것일까? 타로 상담을 받는 사람에게 컵이 무슨 의미인지 물어보라. 컵 안에서 무엇이 보이는가?

점술적 의미

로맨틱하고 꿈을 꾸며 환상에 사로잡혀 천천히 움직이는 사람, 사랑에 헌신적이지만 사랑하는 것 자체나 자신만의 환상에 빠져 있을 수 있음.

역방향

행동하게 떠미는 것, 아마도 사랑은 자아도취에 빠진 그를 일깨워줄 것이다.

QUEEN of CUPS.

컵의 여왕 *QUEEN of CUPS*

원소: 물 / 원소 조합: 물의 물 / 테마: 헌신

신체 특성: 옅은 갈색 머리카락과 회색 또는

담갈색 눈을 가진 중년 여성

컵의 여왕은 조개를 든 인어의 조각이 새겨진 왕좌에 앉아 있다. 물 위에 떠 있는 컵의 왕과 대조적으로 여왕의 왕좌는 마른 땅에 놓여 있다. 동시에 주변에서 소용돌이치는 강은 그녀의 옷과 하나가 되려고 한다. 그래서 우리는 컵의 여왕이 강렬한 감정과 현실적인 상황을 합치려 한다고 해석한다.

원소 조합은 물의 물. 네 개의 순수한 원소 조합 중에서도 컵의 여왕 카드는 강렬함과 헌신이라는 특별한 힘을 지니며 물의 원소 중 최상의 의미인 '이타적인 사랑'을 뜻한다. 웨이트 경은 "그녀는 보기만 하는 것이 아니라 행동도 한다. 그녀의 꿈은 행동을 먹고 자란다"고 말했다.

그녀가 바라보는 컵은 장식이 새겨져 있어 정교함이 두드러진다. 컵의 에이스 카드처럼 이 카드도 더 많은 영적 의미를 담고 있다. 이 카드의 컵을 가톨릭 미사에서 포도주를 담는 잔인 성작^{聖爵}에 비유하는 사람도 있다. 왕좌 양쪽에 있는 천사는 마치 고대 이스라엘의 신전 중앙에서 언약궤(모세가 가져온 신성한 상자)를 지키는 모습 같다.

컵의 여왕은 마법의 치유 능력과 사랑을 환기시킨다. 주변의 꽃과 그녀 앞에 놓인 고상한 컵 덕분에 마치 그녀만을 위한 재단을 만든 것 같다.

점술적 의미

강렬함, 사랑, 느끼고 행동함, 창조적인 예술가나 창조성 자체, 로맨틱한 사랑, 가족 간의 사랑, 어려운 상황에서의 치유나 보호.

역방향

비전과 행동의 결합이 약해져 길을 잃거나 진심 어린 감정 없이 행동할수 있음, 가정에서 감정적 압박을 느낄 가능성.

KING of CUPS.

컵의 왕 *KING of CUPS*

원소: 물 / 원소 조합: 물의 불 / 테마: 독창적인 창조성

신체 특성: 밝은 갈색 머리에 파란 눈을 한 중년 남자

컵의 여왕 카드를 왼쪽에 두고 그 옆에 컵의 왕 카드를 나란히 놓으면 서로 눈길을 돌리는 부부의 모습을 볼 수 있다. 그들은 각자의 길을 가는 것처럼 보이며, 심지어 다른 연인이 있을 수도 있다.

이 원소의 성격을 생각해보자. 물의 물인 컵의 여왕은 사랑과 헌신을 바칠 파트너가 굳이 필요하지 않다. 그녀는 가족에게 자신의 헌신을 베풀 수도 있고, 다른 이에게 봉사를 할 수도 있다. 물의 불인 컵의 왕 카드는 흥미로운 상황에 놓여 있다. 물은 감정이나 창조적인 충동을 의미하고 불은 컵 카드가 주관하는 마음의 영역을 넘어 행동하라고 부추긴다. 하지만 그는 왕이기에 책임감을 가져야 한다.

컵의 왕은 창조적이고 예민한 사람이며, 컵의 기사만큼이나 몽상가이다. 일이나 삶의 영역에서 독창성을 업무 능력으로 바꿀 수 있는 사람이다. 마치 성공한 변호사가 된 시인처럼.

그의 왕좌는 흔들리는 물 위에 떠 있지만 그의 발은 물에 닿지 않는다. 사막 위에 왕좌가 놓여 있지만 물이 흘러넘쳐 옷을 적시는 컵의 여왕 카드와 대비된다. 컵의 왕은 감정이 자신을 덮칠까 봐 감정을 드러내지 않는 사람을 가리킬 수 있다.

점술적 의미

자신의 감정이나 창조적인 충동을 숨기려고 하는 성공한 사람, 예술적인 성취를 이룬 사람, 법조인이나 비즈니스 컨설턴트 같은 커리어를 가지고 있으면서 독창적인 성취를 이룬 사람, 함께 나온 카드가 비슷한 의미가 있다면 음주 문제를 숨기려는 사람.

역방향

(특히 위기를 가리키는 카드들과 나왔을 때) 자신의 감정을 더 드러내야 한다, 분노와 눈물은 오래 숨겨온 감정을 폭로한다, 창조성이 차단되었거나 좌절이 있을 수 있다.

PAGE of SWORDS.

칼의 시종 *PAGE of SWORDS*

원소: 공기 / 원소 조합: 공기의 흙 / 테마: 주의, 신중

물리적 성질: 어두운 갈색 머리와 갈색 눈을 가진 젊은이

바람 부는 언덕의 구름 사이에 서 있는 칼의 시종이 보인다. 그는 공기의 흙이지만, 흙의 성격보다 공기의 성격을 더 많이 가진 듯하다. 그는 자신의 어깨 너머를 돌아보면서 칼을 높이 들고 있다. 화려한 옷도 입지 않았고 모자와 망토도 두르지 않은 칼의 시종은 시종 카드 중에서 가장 남성적이다.

그런데 그의 머리 뒤로 검게 흘러가는 형체는 무엇일까? 리본? 구름이 이어진 걸까? 에너지의 모습을 나타낸 걸까? 카드 아래쪽에 바람에 날리는 검은 형체를 보라. 시종은 보이는 바와 같이 단순하지만, 고통스러운 것을 목격한 사람처럼 어둠이 있다.

시종 카드는 학생이나 초심자가 아닌, 연구하거나 가치를 발견하는 단계에 있는 사람을 의미한다. 칼의 시종은 다른 코트 카드보다 가벼운 의미를 가지며 칼의 기사처럼 흉포하거나 칼의 여왕처럼 잔인하거나 칼의 왕처럼 심각하지 않다.

칼의 시종은 무거운 칼을 양손으로 들고도 뒤를 돌아볼 만큼 신중해 보인다. 칼이 등장하는 카드 중에는 뒤를 보거나 얼굴이나 눈을 가린 카드가 많다. 그는 칼의 기사처럼 말을 타고 곧장 전장으로 가지 않고 자신을 방어하듯이 신중한 자세를 취하고 있다. 고전적인 관점에서는 이 시종을 스파이로 보기도 한다. 과연 그를 어떻게 해석해야 할까?

전술적 의미

주의, 신중, 긴장한 상태로 뒤를 돌아보는 것, 싸움 전의 긴장, 염탐하거나 조사하는 사람.

역방향

여유를 가지거나 사람을 믿는 법을 배워야 함, 그렇지 않으면 걱정이 많아지고 공격적이 됨, 함께 나온 다른 카드가 답을 알려줄 것.

KNIGHT of SWORDS .

칼의 기사 *KNIGHT of SWORDS*

원소: 공기 / 원소 조합: 공기의 공기 / 테마: 용기

신체 특성: 진한 갈색 머리와 갈색 눈을 가진 20~30대

칼의 기사는 가장 기사다운 카드로, 칼을 높이 든 채 말을 타고 전장으로 향하고 있다. 그의 붉은 망토와 깃털이 그의 뒤로 나부낀다. 공기를 상징하는 나비와 새가 말을 장식하고 있으며, 그는 화려하게 장식된 갑옷을 입었지만 공격적인 자세로 몸을 구부리며 장식을 감추려 한다.

　　원소 조합으로 봤을 때 공기의 공기인 그는 완벽한 공기다. 그는 이성의 높은 곳에 위치한 존재로 공기처럼 빠르게 생각하며 고상하고 원칙적이고 영리하다.

　　강렬한 원소의 힘에도 불구하고 칼의 기사가 가진 주요한 역할은 용기다. 웨이트 경은 칼의 기사를 용기 있고 이상적이지만 멀리 있던 존재, 즉 성배 이야기의 위대한 승리자인 갤러해드 경Sir Galahad으로 본다.

　　나무가 그를 향해 구부러지고 말조차 긴장하여 "정말 우리가 이걸 해야 하나요?"라고 묻는 것처럼 보이는데도 칼의 기사는 폭풍을 향해 달려간다. 기사는 위험을 알아차리지 못한다.

　　용맹스럽게 앞으로 나가야 할 의무를 지닌 칼의 기사는 싸움보다 더 큰 명분을 위해 봉사해야 한다. 궁극적으로 그가 잡고 있는 칼은 정의 카드의 칼이나 진실을 상징하는 칼의 에이스 카드의 칼과 같은 의미를 가진다.

점술적 의미

용기, 재빠름, 대담함, 정의를 위한 싸움, 순수한 지성(공기의 공기), 영리한 생각, 빠르게 바뀌는 마음.

역방향

스릴을 느끼기 위한 싸움의 위험성, 모든 칼 카드는 거꾸로 나올 경우 부패를 의미할 수 있는데 칼의 기사 카드가 거꾸로 나오면 공격적이고 고압적임을 의미, 난폭하게 굴거나 무모한 행동.

QUEEN of SWORDS.

칼의 여왕 *QUEEN of SWORDS*

원소: 공기 / 원소의 조합: 공기의 물 / 테마: 지혜, 슬픔

신체 특성: 어두운 갈색 머리와 갈색 눈을 가진 중년 여성

칼의 여왕은 날개 달린 천사와 나비로 장식된, 단순하지만 우아한 왕좌에 앉아 있다. 날개 달린 사자는 컵 2 카드를 연상시키지만 여기서는 여왕 홀로 있다.

많은 사람들이 그녀를 슬픔을 상징하는 인물로 보며, 심지어 남편을 잃은 부인으로 보기도 한다. 그녀의 왼손에 달린 술이 빅토리아시대에 남편을 잃은 부인의 상징이기 때문이다. 어떤 이들은 그녀가 칼 8 카드에서 스스로를 풀어준 뒤 그때를 기억하기 위해 술을 묶었다고 말한다. 왕관의 나비는 슬픔이나 고통이 순수한 마음을 거쳐 변형된 영혼의 상징이다. 그리스어 프시케psyche는 마음을 의미하지만, 원래는 나비와 영혼을 의미했으며, 흙 속의 느릿느릿한 애벌레가 아름다운 날개 달린 영혼으로 변화하는 기적적인 과정을 상징한다.

대부분 사람들이 그녀가 정면을 노려보고 있다고 본다. 그녀는 행복해 보이지 않는다. 슬픔이나 고통을 많이 경험했을 것이다. 구름 위로 떠오른 그녀의 머리는 순수함을 상징하며, 그녀의 진실을 부정하거나 외면하는 데 대한 거절을 의미한다. 그녀는 손바닥을 펴고 삶과 영혼을 받아들이며 자신이 배운 것을 숨김없이 나누어주려고 한다. 그녀는 싸울 준비가 될 때까지 칼을 기울이지 않고 똑바로 잡고 있을 것이다. 진실에 대한 헌신을 빼면 자신에게 아무것도 남지 않는다는 것을 그녀는 잘 알고 있다. 그녀의 순수한 정신을 보여주는 새 한 마리가 그녀의 머리 위에 떠 있다.

정술적 의미

남편을 잃은 슬픔을 겪고 있거나 누군가를 떠나보내서 어려움을 겪음, 설사 가혹하더라도 진실한 생각과 말을 하며 사탕발림을 하지 않는 사람, 지적인 작가를 의미함.

역방향

다른 칼의 코트 카드와 함께 이 카드가 거꾸로 나오면 부패를 향해 가고 있다는 의미로 강한 마음이 속임수와 통제로 변질되고 있음을 뜻함. 좋은 의미로 해석하면 높은 지위를 내려놓고 좀 더 삶에 가까워지거나 관계에서 가까워질 가능성을 의미함.

칼의 왕 *KING of SWORDS*

원소: 공기 / 원소 조합: 공기의 불 / 테마: 권위

신체 특성: 진한 갈색 머리카락과 갈색 눈을 지닌 중년 남성

기묘한 분위기의 칼의 왕은 구름 사이의 높은 곳에 앉아 있다. 그의 왕좌는 돌기둥처럼 뒤로 솟아 있고 실프_{sylph}라 불리는 날개 달린 공기의 요정과 나비가 새겨져 있다. 정의 카드 속 인물과 닮은 칼의 왕은 우리를 정면으로 바라보고 있는데 열여섯 장의 코트 카드 중 오직 이 카드만이 정면을 바라보고 있다.

　권위와 책임은 왕의 가장 중요한 덕목이며 사려 깊은 칼의 왕은 이 역할에 걸맞아 보인다. 막대의 왕은 왕좌에서 물러나고 싶어 하는 것처럼 보이고, 컵의 왕은 자신이 지닌 물의 성질을 억누르는 것처럼 보이며, 동전의 왕은 자신의 재산을 가장 중요하게 여기는 듯하다. 하지만 칼의 왕은 마치 지휘하는 모습을 보여주는 듯하다.

　결정을 내리고 행동을 한다는 것은 칼의 여왕처럼 순수함을 유지할 수 없다는 것을 의미한다. 여왕의 칼은 똑바로 세워져 있었는데(정의 카드와 칼의 에이스처럼) 왕의 칼은 기울어져 있다. 칼의 여왕 카드에는 새 한 마리가 있고 칼의 왕 뒤에는 마치 선택을 의미하듯 두 마리의 새가 있다. 그는 자신이 내린 결정에 대해 계속 생각할 것이다.

　일에 관한 리딩에서 왕 카드는 보스를 의미할 수 있다. 칼의 왕은 그 누구보다도 똑똑하고 책임감으로 가득 차 있는 사람이다.

점술적 의미

결정을 내리거나 명령하는 것을 매우 편안하게 느끼는 위치에 있는 사람, 공익적으로 매우 현명한 결정.

역방향

자기 자신을 위해서만 봉사하는 강력한 정신이나 개성, 부패한 상사나 권위 있는 인물, 좀 더 부드러운 의미로는 중요한 결정을 지연시키는 것.

동전의 시종 *PAGE of PENTACLES*

원소: 흙 / 원소 조합: 흙의 흙 / 테마: 연구

신체 특성: 매우 어두운 갈색 머리 또는 검은 머리에

검은 눈을 한 젊은이

동전의 시종 카드는 순수한 원소의 결합인 흙의 흙이다. 이런 결합 때문에 우리는 현실에 기반을 두고 물질적인 것을 인지하고 있으며 신체적으로 묵직한 느낌의 사람을 상상한다. 그러나 이 카드의 시종은 자기 앞에 놓인 동전을 부드럽게 잡고 있으며 그것 외에 다른 것은 알아차리지 못하고 있는 우아한 사람이다. 그는 금색 원 안의 마법의 별에 매혹당해 그것을 바라보느라 천천히 걷는 것처럼 보인다. 모든 시종 카드는 연구자, 견습생을 상징하는데, 특히 동전의 시종은 배움에 대한 사랑으로 연구에 헌신하는 사람을 의미한다.

　시종들이 메신저라면 동전의 시종은 우리에게 어떤 메시지를 줄까? 아마도 그는 동전 안에서 보이는 것에 대해 말해줄 것이다. 어쩌면 그는 수정 구슬을 바라보는 예언자일지도 모른다. 동전pentacle(오각형의 별이 그려진 금화)이 마법의 상징이라는 점을 떠올리면 그는 동전의 경이로움을 따라가고 있는 오컬트 학자일지도 모른다. 그의 자세와 개방성은 새로운 세계로 입장할 준비가 되어 있는 바보 카드를 떠오르게 한다. 하지만 바보와 달리 그는 천천히 움직이며 밝은 동전이 이끄는 대로 어디든 갈 것이다.

점술적 의미

어떤 배움의 영역에서 학생 또는 초심자, 그것의 경이를 좇는 것 외에는 그 어떤 것도 필요하지 않을 만큼 무언가에 매료됨, 주변 세상에 파장을 맞춤.

역방향

연구에 문제를 겪음, 시험 합격이나 커리어에 대한 외부의 압박, 집중적으로 공부를 하거나 일을 한 후의 휴식.

KNIGHT of PENTACLES.

동전의 기사 *KNIGHT of PENTACLES*

원소: 흙 / 원소 조합: 흙의 공기 / 테마: 일

신체 특성: 매우 어두운 갈색이나 검은색 머리와

검은 눈을 가진 20~30대

동전의 기사는 크고 검은 말 위에 똑바로 앉아 있으며 나뭇잎으로 장식된 투구를 쓰고 있다. 검은 말 또한 나뭇잎으로 장식되어 있다. 장갑을 낀 기사의 손은 선물을 주는 것처럼 동전을 쥐고 있는데, 그의 뒤로는 고랑을 만들어놓은 밭이 보인다. 그는 수호자나 영웅일까?

　앞에서 말한 바와 같이 기사는 임무를 수행해야 한다. 그들은 용을 죽이고 공주를 구한다. 그러나 이 카드 속 기사는 움직이는 것처럼 보이지 않는다. 말은 풀 위에 똑바로 서 있다. 흙의 원소는 기사가 지닌 공기의 성질을 잡아두는데 이는 움직이는 마음을 현실 세계로 끌어내리는 것과 같다.

　동전의 기사는 헌신하는 일꾼의 모습을 보여준다. 그는 야망에 차 있거나 위험을 감수하는 전형적인 기사의 모습은 아니지만 기꺼이 자신의 일에 온 힘을 다하고 있는 것으로 보인다. 컵의 기사보다 로맨틱하지 않고 칼의 기사보다 영웅적이지 않고 막대의 기사보다 에너지가 많아 보이지는 않지만 동전의 기사는 어떤 순간에는 우리에게 꼭 필요한 존재다. 현실적인 문제에 도전해야 할 때, 이를테면 밭을 정원으로 만들 때는 게으름을 피우지 말고 온 힘을 다해 그 일을 해야 한다. 그럴 때 동전의 기사를 생각하자. 당신이 이메일을 체크하거나 커피를 마시거나 잠시 누워서 쉬고 싶을 때마다 검은 말 위에 있는 동전의 기사의 견실함을 생각한다면, 계속 집중할 수 있을 것이다.

점술적 의미

부지런함, 보상이나 영광을 바라지 않으며 열심히 일함, 위험을 감수하지 않고 주의 깊음, 자아를 버리고 자연에 봉사하는 마음, 자아를 고집하지 않고 자연의 섭리에 맡김.

역방향

지나치게 관성적임, 다른 사람이 나를 이용하게 두는 상태, 일 이외의 것에서 흥미를 찾음.

QUEEN of PENTACLES

동전의 여왕 *QUEEN of PENTACLES*

원소: 흙 / 원소 조합: 흙의 물 / 테마: 자연

신체 특성: 매우 어두운 갈색이나 검은색 머리에

검은 눈을 가진 중년 여인

동전의 여왕은 정원 속 왕좌에 앉아 있으며 돌로 된 왕좌에는 과일과 염소의 머리가 화려하게 새겨져 있다. 과일은 땅에 대한 그녀의 사랑을 의미하고 염소의 머리는 염소자리를 뜻한다. 비옥함의 상징인 토끼가 오른쪽 아래에 등장한다.

　동전의 여왕은 자연에 대한 깊은 사랑과 주변에서 자라는 무성한 초목 때문에 여황제 카드를 연상시킨다. 흙의 물인 그녀는 생명의 세계에 열정적인 사랑을 준다. 건물이 아닌 자연 속에 앉아 있는 동전의 여왕과 궁전 앞에 있는 동전의 왕을 비교해보라.

　그녀는 마법사 카드와 같은 성질을 공유하고 있다. 마법사처럼 흰색과 빨간색이 있는 옷을 입고, 그녀를 지켜주는 듯한 잎과 꽃에 둘러싸여 있다. 그러나 그녀는 하늘에서와 같이 땅에서도 이루어지기를 빌지 않는다. 마법의 동전을 잡고 그것의 신비함을 바라보고 있을 뿐이다.

　웨이트 경은 동전의 여왕을 매우 높게 평가하여 '영혼의 위대함에 대한 생각들의 총합', '진지한 지성을 가진 인물', '상징을 고민하고 그 안의 세계를 관찰한다'라고 표현했다. 나에게 그녀는 자연을 열정적으로 사랑하는 존재, 그 자체다.

전승적 의미

자연에 대한 사랑, 물질적인 세계와 강렬하게 연관됨, 물리적 안전, 부유함.

역방향

자연과의 본질적인 연결을 잃어버리거나 그에 대한 위협을 받아서 짜증을 내거나 공격적인 상태, 가족과 친구들을 멀리하고 있는 상태.

KING of PENTACLES.

동전의 왕 *KING of PENTACLES*

원소: 흙 / 원소 조합: 흙의 불 / 테마: 부유함

신체 특성: 매우 어두운 머리카락 혹은 검은색 머리와

검은 눈을 한 중년 남성

동전의 왕은 자신이 상징하는 황소자리의 황소 머리로 장식된 넓은 왕좌에 앉아 있다. 정원이 그의 주위로 넘실대고 로브에는 포도가 주렁주렁 열려 있는 것처럼 보여 마치 그도 풍경의 일부인 듯하다. 뒤에는 성이 솟아 있고 도시도 보이는 것 같다. 우리는 이 코트 카드에서 유일하게 왕국을 볼 수 있다. 그의 형제들은 다른 슈트에서 인생의 한 면을 지배하고 있지만, 흙의 원소를 가진 그는 풍요로운 '진짜 세계'를 지배하고 있는 것이다.

그는 부와 명예를 누리며 성공적이고 안전한 삶을 살고 있다. 그는 사랑하는 아이나 반려동물이라도 되는 양 동전을 무릎에 올려놓았다. 동전 4 카드에서 왕관을 쓴 인물과는 달리, 그는 부를 축적하지 않았음에도 자랑스럽게 동전을 전시하는 듯하다.

어떤 프로젝트의 후원자를 찾고 있거나, 연구비를 따내려 하거나, 임금 인상 또는 승진을 기대하고 있다면 이 카드가 떠오를 것이다. 이 카드는 직업을 찾을 때 응답을 받는다는 좋은 의미도 지니고 있는데 동전의 왕은 좋은 상사를 의미하기 때문이다.

그는 우리가 '좋은 삶'이라고 생각하는 부와 안락함을 누리며 자신이 가진 것에 감사할 줄 아는 너그러운 사람을 나타낸다. 동시에 책임감이나 결정을 내리는 것보다는 자신만의 기쁨에 더 몰두한 사람일 수도 있다.

점술적 의미

부, 성공, 안락함, 안전함, 물질적으로 풍요로운 상태지만 부에 대해 이기적이거나 강박적이지 않고 만족과 자부심을 느낌, 매우 관대한 사람, 일을 찾고 있거나 누군가의 물질적인 도움을 기대할 때 좋은 카드.

역방향

돈에 대한 걱정, 물리적으로 불안정한 상태, 가진 것이 충분하지 못하다는 불만족, 물질적인 염려가 좀 더 추상적이고 영적인 고민으로 변할 수 있음.

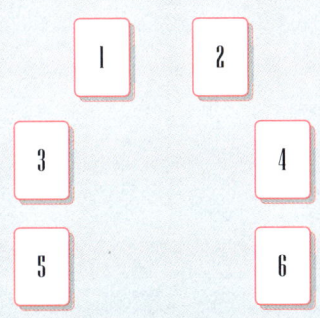

이 스프레드는 코트 카드를 가족으로 본 것에서 영감을 얻었다. 코트 카드에 관한 스프레드지만, 평상시처럼 타로카드 전체를 사용한다. 질문은 현재형으로 나와 있지만 가족을 돌아보고 싶은 사람들은 과거를 확인하고 싶어 하기 때문에, "나는 어떤 사람일까?"를 "나는 어떤 사람이었을까?"로 바꿀 수 있다. 예시 질문은 나, 어머니, 아버지로 제한했지만 가족 구성원에 따라 형제, 자매, 조부모 등을 추가할 수 있다.

❶ 나는 이 가족에서 어떤 사람일까?

❷ 나의 역할은 무엇일까?

❸ 나의 어머니는 어떤 사람일까?

❹ 어머니의 역할은 무엇일까?

❺ 나의 아버지는 어떤 사람일까?

❻ 아버지의 역할은 무엇일까?

타로카드 리딩

Readings

타로 리딩은 간단하다. 상담받는 사람이 주제나 질문을 말할 것이다. 보통은 "연애 때문에 불안해요"나 "이혼을 해야 할지 알고 싶어요" 같은 구체적인 질문일 것이다. 타로 리더는 스프레드(타로를 어떻게 어떤 패턴으로 놓을지)를 결정한다. 다음에 상담받는 사람이 타로 그림을 볼 수 없게 그림을 바닥으로 둔 상태에서 타로를 섞고 그걸 타로 리더에게 주면 타로 리더가 스프레드대로 타로를 배열한 후에 한 장씩 뒤집으며 무엇이 보이는지를 말한다. 타로카드를 보고 떠오른 생각이나 직관도 리딩과 연결된다. 하지만 타로 리더와 상담자의 커뮤니케이션 능력에 따라 해석은 함정에 빠질 수 있다.

이 방법은 스스로 타로 리딩을 할 때도 적용되는 방법이다. 타로 리더들 사이에는 스스로를 위해 타로 리딩을 하면 안 된다는 믿음이 존재한다. 운이 나빠진다는 사람도 있고 객관적일 수 없어서라는 사람도 있다. 그러나 타로 리더들이 모여서 이야기를 해보면 모두 자신에 대해 타로 리딩을 한다는 것을 알 수 있다. 그리고 이 책에 담긴 스프레드는 자기 자신을 들여다보기 위한 내용이 대부분이다.

카드를 섞거나 다루는 데도 특별한 방식이 있을까? 그렇다, 매우 다양하다. 많고 많은 '법칙'이 있지만 반드시 따를 필요는 없다. 타로 책은 어디에 두고 타로 선생은 어디에 앉을지, 무엇을 말할지, 리딩을 하려면 어떻게 먹고 마시며 무슨 옷을 입어야 할지까지 가르쳐줄 수도 있다. 그러나 우리는 스스로 카드를 이해하고 상담자와 나눌 수 있는 나만의 길을 찾아야 한다. 몇 개의 법칙을 비교하여 살펴보자.

카드를 비단으로 싸서 특별한 상자에 보관할 필요는 없다. 많은 숙련된 리더들은 카드를 원래 들어 있던 박스에 그대로 보관한다. 또 어떤 사람들은 전통적인 방식대로 예쁘게 비단 으로 싸두거나 상자에 보관한다.

또한 어떤 리더들은 자신의 순수한 에너지로 카드를 지키 기 위해 다른 사람들이 카드를 만지지 못하게 하는데 나는 반 대다. 리딩을 받는 사람의 에너지를 카드에 불어넣기 위해 리 딩을 받는 사람이 카드를 섞게 한다. 직관에 따르면 된다. 누 군가를 위해 리딩을 할 때, 타로 리더가 카드를 섞고 뒤집어 서 부채꼴 모양으로 만든 뒤 리딩을 받는 사람에게 한 장 한 장 선택하게 할 수도 있다.

이제는 타로 주변에서 떠돌고 있는 이상한 이야기에 대해 생각해보자. 이를테면 내가 쓸 타로카드는 사면 안 되고 훔쳐 야 한다는 풍문 같은 것들 말이다. 이런 해괴한 주의 사항이 어디에서 시작되었는지 모르겠지만, 물론 이것은 진실이 아니다. 나는 1970년대에 처음으로 타로카드를 샀고 이것을 발견하면서 전율을 느꼈다. 하지만 누군가 이 카드를 훔쳐갔다! 지금은 백 개 정도의 타로카드가 있는데 그중 어느 것도 훔치지 않았다고 행복하게 말할 수 있다.

역방향 카드가 나올 수 있도록 카드를 뒤죽박죽 섞어야 하며 그렇게 하지 않으면 타로 리딩을 하지 말라는 이야기도 들어봤을 것이다. 역방향 카드는 위아래가 뒤집혀 나오는 카드를 의미한다. 내가 타로 책에 역방향 카드의 의미를 쓴 데는 두 가지 이유가 있다. 첫 번째, 백 년 전에 쓰인 웨이트 경의 책 『타로의 그림열쇠Pictorial Key to the Tarot』에 역방향 카드가 포함되어 있고 그에 반대할 수 없었기 때문이다. 두 번째, 역방향일 때 카드의 의미가 미묘하게 변하는 것을 사람들이 좋아하기 때문이다. 그러나 어떤 타로 리더는 역방향 리딩을 전혀 하지 않고, 나도 종종 역방향 리딩을 하지 않는다. 만약 역방향의 의미를 해석하고 싶다면, 상담자에게 카드가 거꾸로 나올 수 있는 방법으로 섞으라고 하라. 역방향을 사용하고 싶지 않았는데 우연히 카드가 그렇게 나왔다면 주저 없이 카드를 똑바로 돌리면 된다.

카드를 섞는 방식, 셔플shuffle에는 절대적으로 옳은 방법은 없다. 규칙을 좋아하는 이들을 타로카드를 섞을 때 절대적인 규칙이 있다고 말한다. 나는 엄청나게 다양한 방법으로 카드를 섞어보았지만 모두 성공적이었다. 단지 상담자가 카드를 섞을 때 카드의 그림이 보이지 않도록 그림을 바닥으로 향하게 하는 것만이 중요하다.

한 가지 셔플만 주장하는 사람은 카드를 뒤집는 방법 또한 강요한다. 당신이 옳다고 생각하면 그렇게 해도 되지만, 대부분의 타로 리더는 카드를 평범하게 뒤집는다.

카드를 꼭 스프레드 천 위에 놓을 필요는 없지만, 그런 것도 재미있다. 스프레드 천은 타로 리딩을 하기 전에 테이블을 덮는 아름다운 천이다. 스프레드 천은 우리가 일상적으로 쓰는 테이블과 타로를 위한 테이블을 구분하여 리딩의 분위기를 만드는 도구다. 또 누군가는 리딩 시 촛불을 켜놓기도 하고 특별한 물건을 두거나 짧은 기도를 하기도 한다. 이 모든 것이 필수는 아니지만 자신의 본능적인 직관을 조율하는 데 도움이 될 수도 있다.

많은 사람들이 주장하고 있지만 오히려 타로 리딩을 방해하는 룰도 있다. 타로 리딩을 하기 전에 타로의 의미를 모두 암기해야 한다는 주장 말이다. 나는 한 손에는 타로를, 다른 한 손에는 에덴 그레이의 책을 들고서 리딩을 시작했다. 그때의 몇몇 리딩은 내가 했던 그 어떤 리딩보다도 강력했다. 타로 카드 각각의 의미를 다 기억해야 한다면 직관적으로 느껴지는 이미지를 무시하고 확실한 의미만을 외우게 될 것이다.

까다로운 문제를 하나 살펴보자. 본인에 대해 리딩하는지 모르는 이에 관한 질문을 해도 되는 걸까? 상담자들은 때로는 이런 질문을 한다. "남자 친구가 바람을 피우고 있나요?" 또는 "내 딸이 대학에 가면 무슨 일이 벌어질까요? 나쁜 행동을 하거나 마약을 하지 않을까요?" 같은 질문 말이다.

이런 질문을 들은 타로 리더는 두 가지 문제에 봉착한다. 첫 번째는 마치 염탐하는 느낌이라는 것이다. 두 번째는 남자 친구나 딸이 카드를 섞지 않으므로 이 리딩에는 다른 사람의 행동보다 상담자의 공포가 들어가 있다는 것이다. 여기서 정말 중요한 질문이 하나 있다. 당신은 타로 리딩을 통해 점술가가 되고 싶은가? 많은 사람들이 타로 리더와 점술가를 헷갈려 해서 누군가 리딩을 요청하면 나는 심령적인 예언을 하는 것이 아니라고 먼저 주의를 준다. 혹시 심령적인 예언이 튀어나오려 할 때도 사람들의 상황이나 선택, 그들의 감정과 영혼의 진실을 살펴보려고 한다. 나는 사람이 아니라 카드를 읽는다. 물론 점술가도 타로를 사용할 수 있다.

직관력 향상을 위해 타로를 사용하기도 한다. 다른 사람을 위해 리딩을 할 때 마음에 떠오르는 영상이나 이미지를 머금어보라. 떠오른 이미지에 대해 상담자에게 이야기해보라. 어디서 왔는지 모르는 이미지라 우스워 보이거나 터무니없게 들릴 것을 걱정하지 말라.

이런 과정이 완벽히 신비로울 필요는 없다. 칼 9 카드를 보면 한 여성이 침대 위에서 울고 있다. 거기서 겁에 질린 아이의 감정을 떠올렸다면 "어릴 때 무서운 일이 있었나요? 그때 혼자라고 느꼈나요?"라고 물어볼 수 있다. 그 순간에 중요한 것은 심령적인 능력을 뽐내는 것이 아니라 그 경험이 무엇을 의미하는지 알아보는 것이다. 그것은 무슨 영향을 끼쳤나? 왜 지금 과거의 기억이 나타났을까?

심령적으로 보이는 어떤 예언이 단순히 카드에서 온 것일 수도 있다. 어떤 여성이 사랑을 찾고 있을 때 켈틱 크로스 스프레드의 가까운 미래 위치에서 컵의 기사를 뽑았다면 "누군가가 당신의 삶에 나타나겠군요. 그는 로맨틱하고 몽상적이지만 자기중심적이기도 하네요"라고 말해줄 수 있다. 상담자가 소송에 관해서 물어보면서 정의 카드와 칼의 왕 카드 역방향을 뽑았다면 편견이 있는 판사를 만나게 된다는 경고일 수 있다. 이는 역방향 리딩이 어떻게 도움이 되는지 보여주는 사례이기도 하다.

만일 이런 예언을 하고 싶다면 그 사람에게 정말 그런 일이 일어났는지 가능하다면 확인해보라. 하지만 당신의 리딩이 얼마나 정확했는지에 집착하지 않는 것이 중요하다. 리딩은 상담자를 위한 것이지, 타로 리더를 위한 것이 아니다.

스프레드 *Spreads*

스프레드는 타로 리딩에서 가장 기본적인 것이다. 아무리 단순한 질문이라도 거기에는 스프레드가 존재한다. 사실 어떤 타로 리더들은 본인들이 내키는 대로 카드를 펼친다. 하지만 스프레드에 맞춰 리딩을 하면 타로가 무엇을 말하는지 더 쉽게 이해할 수 있다. 스프레드는 수백, 수천 개가 있고 매일 하나씩 새로운 방법이 나올 정도다. 우리는 타로 사이트에서 수많은 스프레드를 찾을 수 있다. 스프레드만으로 이루어져 있는 타로 책도 있으며 '일 스프레드'나 '관계 스프레드'처럼 주제를 모아놓은 책들도 있다.

40년간의 타로 경험을 통해 알게 된 스프레드가 몇 가지 있다. 몇몇은 전통적이고 몇몇은 내가 만들었으며 또 어떤 것은 친구에게 빌렸다.

가장 간단한 스프레드는 질문 하나에 카드 한 장을 뽑는 것이다. "지금 당장 내가 생각해야 하는 것은 무엇일까?" 많은 사람들은 카드를 알기 위해 매일 이런 리딩을 한다. 끔찍한 결과가 나올 수도 있지만, 그것은 단지 그날 하루를 위한 카드일 뿐이다. 이를 학습 자료로 쓰고 싶다면 카드와 해석을 적어두어라. 아무 느낌이 없어도 괜찮다. 그리고 자러 가기 전에 뽑았던 카드를 보며 그 카드가 그날의 어떤 면을 보여준 건지 생각해보라. 16번 탑 카드를 뽑았다고 바로 끔찍한 일이 일어날 거라고 예상하지 마라. 이는 단순히 상사가 어떤 일의 마감 때문에 짜증을 낸다는 의미일 수도 있다.

두 장 스프레드

두 장 스프레드는 때로 반대되는 감각을 전달하며 한 카드는 다른 카드의 반대 성향을 가진다. 많은 사람들이 둘 사이의 다리가 되는 세 번째 카드를 뽑기도 한다. 그 외에도 무수히 많은 두 장 스프레드가 있다.

당신 – 다른 사람

선택 1 – 선택 2

선택의 기로에 섰을 때, 각각의 선택지에서 무엇이 중요한지를 카드에게 물어보면 선택에 도움이 된다. 어떤 것이 더 나은지를 묻는 게 아니라, 각 선택지에서 무엇을 알아야 하는지 보여준다는 것을 기억하라.

과거의 행동 – 현재의 결과

이 스프레드는 각각의 행동에 따라 여러 번 시도할 수 있다. 두 장 스프레드를 그저 반복하면 된다.

세 장 스프레드

우리는 어머니와 아버지의 유전자의 결합체다. 그래서 3이란 숫자는 우리에게 자연스럽게 느껴진다. 이 스프레드는 과거의 행동–현재의 결과에 하나를 더할 수 있다.

과거의 행동 – 현재의 결과 – 미래의 가능성

이것은 가장 유명한 세 장 스프레드인 과거-현재-미래의 변주다. 원래 버전에서 과거는 고정된 운명이며, 미래는 바뀔 수 없는 숙명이다. 그러나 이 세 장의 스프레드는 우리의 행동을 강조하고 그 행동을 통해 어떤 결과가 나올 것인지를 강조한다. 이 스프레드는 절대적인 예언이 아니다.

선택 스프레드

세 장 스프레드는 우리가 선택을 제대로 바라보도록 도와준다. '상황'을 나타내는 카드를 중간에 놓고, 선택지를 양쪽에 둔다.

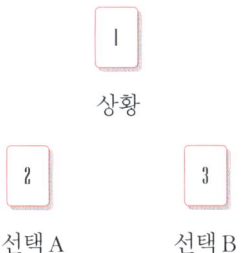

이 스프레드는 실제 선택에 직면했을 때 매우 유용하다. 일반적으로 가장 많이 쓰는 상황은 두 명의 연인 사이에 놓여 있

을 때다. 카드 1, 즉 가운데 카드는 지금 느끼는 것을 보여주는
데 그것은 주변의 관계에서 중요한 이미지다. 악마 카드는 섹
스를 강조하고 컵 10 카드는 가족을 나타낸다. 이 가운데 카드
는 선택을 바라보는 데 도움을 준다. 선택 A는 연인 1과 있을
때 어떤지를 보여주고, 선택 B는 연인 2와 있을 때 어떤지를
보여준다. 선택은 여전히 본인에게 달려 있음을 기억하라. 카
드는 그것을 제대로 볼 수 있게 도와줄 뿐이다.

　여기에 카드를 더하여 더 많은 선택지 중에서 하나를 선택
하거나 더 장기적인 결과를 가져올 일을 선택하기 위한 질문
으로 스프레드를 확장할 수 있다.

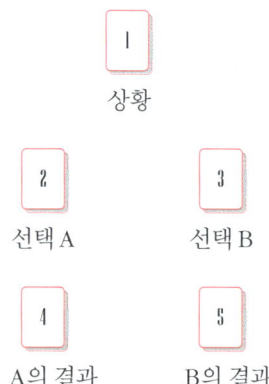

하지 않는다/한다 스프레드

카드 1을 가운데에 두는 매우 유용한 스프레드가 또 있다. 타로 리더 조 매토프가 만든 것으로, 나는 평소에 이 스프레드를 종종 사용한다.

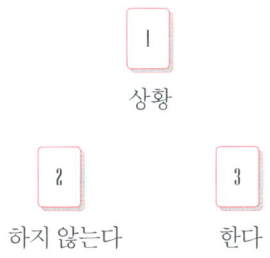

상황

2 하지 않는다   3 한다

중앙에 있는 카드 1은 기본적인 문제를 보여준다. 이것이 오늘의 스프레드라면, 오늘 무슨 일이 일어날지를 보여줄 것이다. 만일 실제적인 질문이라면 첫 번째 카드는 그 문제의 중요한 면이 무엇인지를 보여준다.

왼쪽의 카드 2는 우리가 피해야 할 것을 알려준다. 이것은 우리가 하고 싶은 일일 수도 있다. 예를 들어 누군가와 갈등이 있을 때, 전화를 걸어 상황을 나아지게 하고 싶을 수 있다. 그런데 카드 2가 컵 3 카드라면, 이 문제를 해결하기 위해 인위적인 노력을 하지 말라는 의미다. 오른쪽의 카드 3은 무엇을 하면 이 상황에 도움이 될지를 말해준다.

나는 중요한 결정을 할 때, 민감한 상황을 해결할 때, 창의적인 프로젝트를 실행할 때 또는 특별한 순간에 이 스프레드를 활용해왔다.

언젠가 내가 오늘의 카드를 뽑았을 때, 다음과 같은 카드가 나왔다.

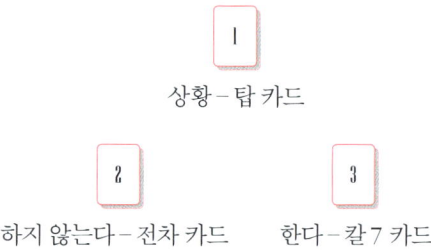

상황 – 탑 카드

하지 않는다 – 전차 카드　　　한다 – 칼 7 카드

당시 내 삶에는 어떤 폭발적인 상황이 없었기에 나는 탑이 묘사하는 상황이 무엇인지 알 수 없었다. 그러고는 이 결과에 대해 잊어버렸다. 그날 나는 나의 개 원더와 산책을 했다. 나는 시골에 살고 있었지만 우리 집은 큰 도로에 위치해 있어 종종 차가 없는 곳으로 개를 데려가곤 했다. 원더는 밝고 사람을 좋아했지만 개 특유의 공격성을 지니고 있어서 다른 개와 싸우곤 했다. 그래서 원더에게 목줄을 묶고 다른 개가 앞으로 뛰어올 때마다 줄을 잡아당기곤 했다. 그날 우리는 평화로운 길을 산책하고 있었는데, 어떤 집 앞을 지날 때 갑자기 흉포한 독일 셰퍼드 두 마리가 우리 앞에 나타났다. 나는 그 셰퍼드들에게 소리를 치는 것과 동시에 우리 개가 그들에게 뛰어가는 것을 막으며 그 상황을 용케 모면했다.

　하지만 그 집 앞을 지나지 않으면 집으로 갈 수 없었고, 만약 그 셰퍼드가 다시 공격하면 어쩌나 걱정이 되었다. 강하게 대처해야 하지 않을까 싶어서 그냥 그들을 지나쳐서 가야겠다고 생각했다. 그런데 갑자기 아침의 타로 리딩이 생각났다. 탑 카드에는 머리부터 떨어지는 두 존재가 있는데, 마치 그 두 마리 개를 의미하는 듯했다. 나는 전차처럼 강하게 전진하려고 했는데 리딩에서는 '그렇게 하면 안 됨'이라고 말하고 있었다. 그 대신 칼 7 카드처럼 더 부드럽고 은밀하게 접근해야 한다고 말하고 있었다. 그래서 나는 그 집에서 멀리 떨어져 좋은 타이밍을 기다렸고, 아무런 문제도 일으키지 않고 조용히 집으로 돌아올 수 있었다. 내가 전차 카드처럼 강하게 접근했다면 어떤 일이 일어났을지 알 수 없지만, 나는 카드가 하지 말라는 대로 한 것에 만족했다.

세 장 관계 스프레드

여기 카드를 세 장 뽑아 관계를 살펴보는 스프레드가 있다. 결과를 의미하는 카드는 가운데 놓는다.

1		2
A라는 사람의		B라는 사람의
행동이나 태도		행동이나 태도

3

관계의 결과

두 사람(A, B)의 상황을 알기 위해 이 스프레드를 사용할 수 있다. 리더가 타로카드를 섞어 A와 B 모두의 에너지가 카드에 담기지 않게 하도록 한 뒤 타로를 부채꼴 모양으로 펼쳐놓는다. A가 자신의 행동이나 태도를 대표할 카드를 뽑는다. B도 같은 방식으로 카드를 뽑는다. 그럼 리더가 이 둘의 관계를 대표할 카드를 뽑는다.

더 많은 카드를 뽑는 스프레드

우리는 세 장의 카드를 뽑는 스프레드까지 알아봤지만, 더 많은 카드를 뽑는 스프레드도 수없이 많다. 타로카드는 78장이며 종류가 다른 덱을 같이 사용할 수도 있기에 더 많은 경우의 수가 존재한다. 몇 년 전에 '타로 스프레드'라는 단어로 인터넷에서 검색을 해봤더니 약 10만 개의 결과가 나왔다. 최근에 또다시 검색해보니 36만 개가 나왔다.

이 모든 것을 다 소개할 수 없으니 내가 유용하게 사용하는 스프레드를 몇 가지 소개한다.

출입구 스프레드

이 스프레드는 중요한 선택을 앞두고 우리가 누구인지, 우리의 문제는 무엇인지를 알 수 있는 스프레드다. 이 스프레드는 우리 자신을 위한 리딩을 할 때 유용하다.

다음 패턴으로 다섯 장의 카드를 열어보라.

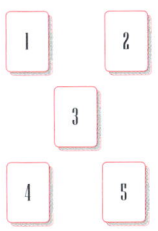

❶ 무엇이 영감을 줄까?

무엇이 당신에게 감동을 주며 무엇이 당신을 흥분시키고 무엇이 의미 있는 일을 하게 만드는가? 관계에 대한 질문이라면, 그 사람은 당신에게 어떤 영감을 줄까? 당신의 무엇이 그 사람에게 영감을 줄까?

❷ 무슨 문제가 있을까?

무엇을 어렵고 두렵다고 느끼는가? 무엇이 당신을 괴롭히거나 가로막는가? 아니면 당신이 하고 싶은 도전에 대해 나타낼 수도 있다.

❸ 당신에게 열려 있는 출입구는 무엇일까?

이것은 중요한 카드다. 어떤 기회가 있을까? 이 기회를 받아들이면 무엇이 달라질까?

❹ 어떤 위험을 감수해야 할까?

기회는 언제나 위험을 동반한다. 새로운 직업과 새로운 관계는 멋지지만 실패할 수도 있다. 관계에 대한 리딩에서 4번 위치에 9번 은둔자 카드가 있다고 가정해보자. 관계에 들어서면 스스로의 삶을 통제하는 은둔자적 감각이 필요할지도 모른다. 4번 위치의 카드는 무엇을 해야 한다거나 무엇을 잃는다는 의미가 아니라 단지 무엇이 다른지를 보여주는 것일 수도 있다.

❺ 무엇을 발견하게 될까?

만일 그 출입구를 통과하면 무슨 일이 벌어질까? 이 카드는 당신의 삶이 어떻게 보이는지에 대한 스냅사진과 같다. 세계 카드라면 위대한 성공을 의미하겠지만, 만일 악마 카드가 나온다면? 출입구를 통과하지 않고 시간을 되돌려 고민하고 있던 시기로 돌아가고 싶을까? 악마 카드는 출입구를 지나면 장기적인 문제가 세상에 드러날 것이며 이제 스스로를 해방시킬 시간이라는 의미일 수 있다.

아폴로 박사의 다목적 스프레드

다섯 장의 카드를 뽑는 타로 스프레드다. 아폴로 박사는 내가 창조한 인물로, 타로 리딩을 할 때 연극적이고 마법사 같은 성격을 드러내도록 도와준다. 나는 드라마틱한 스프레드를 만들고 싶었고 그 결과 만들어진 이 스프레드를 다수의 타로 리더들이 사용한다고 말해주었다.

카드를 다음과 같은 방식으로 놓는다.

느낌표에 주목하라. 아폴로 박사는 극적인 리딩을 부추기는 인물이다.

❶ 알려진 것!

질문자가 알고 있지만 더 가까이 들여다볼 필요가 있는 것.

❷ 알려지지 않은 것!

질문자가 모르지만 알아야 할 필요가 있는 것.

❸ 위험!

질문자가 매우 조심해야 하는 것.

❹ 기회!

이 상황에서 나타날 매우 유익하거나 강력한 것.

❺ 행동!

대부분의 타로 리딩은 우리에게 무엇을 하라고 강하게 말하지 않지만, 아폴로 박사는 강한 조언을 주저하지 않는다. 사람들이 어째서 이 스프레드를 좋아하는지 알 수 있을 것이다.

켈틱 크로스 스프레드

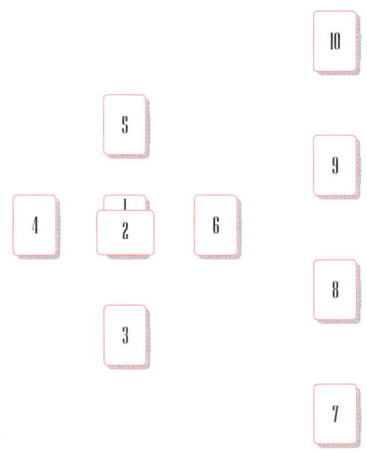

전 세계 타로 스프레드 중에서 가장 유명한 스프레드로 웨이트 경의 책에서 소개하였으며 다양한 버전으로 변화한 스프레드다. 구조는 항상 같지만, 순서(예를 들면 세 번째 순서)는 작가에 따라 조금씩 다르다. 내가 사용하는 순서는 에덴 그레이의 방식이다.

십자가 모양의 중앙에 있는 카드 1은 모든 문제와 상황을 묘사한다. 누군가는 이것을 '커버 카드cover card'라고 부른다.

카드 2는 카드 1과 수직으로 십자가 형태를 만든다. 전통적으로는 이 카드를 '반대'라고 보는데, 첫 번째에 대항하는 힘을 말한다. 사실 카드 1과 2는 함께 작동한다. 우리는 이를 '작은 십자가'라고 부른다.

카드 3은 두 카드의 아래에 있어 문제의 '뿌리'를 나타낸다. 보통 현재에 영향을 주는 과거의 경험이나 삶의 역사를 상징한다.

카드 4는 작은 십자가의 왼편에 있다. 과거를 보여주는 카드지만 최근의 과거로 깊은 뿌리는 없다. 이미 지나가거나 흐려진 과거를 의미한다.

카드 5는 작은 십자가 위에 있다. 사람들은 이 카드에 다른 의미를 부여하는데, 나는 '가능성'으로 보는 것이 더 유용했다. 만일 '결과' 카드인 카드 10이 '가능성' 카드와 매우 다른 내용이라면, 어느 지점에서 패턴이 변화했는지 다른 카드를 살펴봐야 한다.

카드 6은 가까운 미래를 나타낸다. 이다음에는 어떤 일이 벌어질까? 이 카드는 현재의 상태를 보여준다는 점을 기억하자. 만일 이 위치의 카드가 좋다면, 더 좋게 만들어라. 만일 문제가 있다면, 그 문제는 영원하지 않을 것이다.

켈틱 크로스 스프레드의 오른편에 있는 네 장의 '지팡이staff' 카드는 아래에서 위로 리딩한다. 카드 7은 '자기 자신'을 보여주는데, 질문자가 이 상황에 기여하고 있는 부분을 말해준다. 카드 8은 다른 사람들에게 미치는 영향을 보여준다. 이는 파트너 같은 한 명의 사람일 수도 있고 일반적인 환경을 의미할 수도 있다. 일에 관한 리딩에서 이 카드가 나오면 나는 경제적인 상황으로 해석한다. 일자리 전망처럼 질문자 개인이 통제할 수 없는 것일 때도 있다.

카드 9는 희망과 공포를 의미한다. 이 카드는 어떤 사람의 태도나 실제로 일어나지 않은 환상을 알아차리게 해주는 매우 가치 있는 카드다.

마침내 우리는 카드 10이 의미하는 결과에 도달했다. 이 마지막 카드가 앞의 모든 카드에 대한 결과를 예언하는 것은 아니다. 우리는 카드 10이 무엇을 말하려고 하는지, 다른 카드들이 같은 결과를 향해 움직이는지를 확인할 수 있다. 이것은 절대적인 예언이 아니며 단지 '우리가 어디로 향하는지'를 알려줄 뿐이다. 우리는 앞의 카드에서 배운 것을 통해 우리가 좋아하지 않는 상황을 바꾸거나 우리에게 원하는 일이 일어나도록 만들 수 있다.

이미지를 사랑하라

타로를 연구하면서 나는 이 문장을 계속 말했다. "이미지를 사랑하라." 수백만에 달하는 타로에 관한 글이나 절대적인 저술보다 타로의 그림이 먼저다. 이미지를 사랑하라는 말의 의미는 매일 타로카드를 볼 때마다 그 그림을 다시금 느끼라는 것이다. 오늘의 타로카드는 어떻게 보이나? 무엇을 보여주고 말해주었는가? 이미지를 사랑하기 위한 방법을 하나 소개한다. 카드를 뽑아서 리딩을 할 때, 즉각적으로 카드가 뭘 말하려는지 알아내려고 하기보다는 어떤 것이 눈에 들어오는지 세부적인 부분을 살펴보는 것이다. 9번 은둔자 카드의 손에 등불이 있나? 0번 바보 카드의 가방에 독수리 머리가 있을까?

칼 6 카드의 배 오른쪽에는 아마도 잔물결이 있을 것이다.

　이런 세부 사항들은 무엇을 말하는 걸까? 만일 다른 이를 위하여 리딩을 한다면 그림 속에서 무엇이 보이는지 그들에게 물어보라. 이는 원소의 성향과 다른 내용을 가진 칼 5 카드나 동전 6 카드 등을 해석할 때 더 유의미하다.

　사랑을 하는 것처럼 타로를 리딩해보자.

역자 후기

올해 전 세계적으로 열풍이 일었던 베스트셀러『사피엔스』의 저자 유발 하라리는 진정한 행복을 위해서는 스스로에 대한 진실을 알아야 한다고 했다. 나는 그 '스스로에 대한 진실'이 곧 운명이라는 것을 점점 깨닫고 있었는데 레이철 폴락의 책을 번역하면서 그 생각이 더욱 강해졌다. 운명을 바꾸는 것은 결국 자기 자신을 바꾸는 것이고 그것은 힘이 들지만 가능하다. 그렇지만 그 바뀐 운명이라는 것이 알고 보면 원래 그 사람의 '스스로에 대한 진실'이었다는 것을 타로카드를 통해 발견한 사례를 여러 번 보고 나니 레이철 폴락이 타로카드가 운명의 문을 열어준다고 말한 의미를 알 것 같다. 나 또한 타로카드를 통해서 내 스스로에 대한 진실을 알게 되었고 레이철 폴락의 책을 번역하게 된 것이 그 진실 중 하나라는 생각이 들 만큼 신비하고 경이로운 경험이었다.

타로카드를 알고 있다는 이유로 한국에서 두 번째로 출간되는 레이첼 폴락의 책을 번역하는 영광을 누리게 되었다. 핸드북이라는 원제와 다르게 많은 내용을 담고 있는 이 책을 번역하면서 새롭게 타로카드를 만나는 계기가 되었다. 타로카드를 위한 해설서이지만 결코 책과 해석에만 매달릴 필요가 없고 자신의 직관을 믿으라고 응원해주는 이 책은 혼자 타로를 공부하는 사람에게도 좋은 응원이 될 거라 믿는다.

이 책과 관련된 나의 복은 차고 넘쳤다. 인기 웹툰 『양말도깨비』 만물상 작가가 그린 아름다운 타로카드가 이 책과 세트로 출간되는 것이다. 만물상 작가가 그린 타로카드를 제일 처음 받아보는 영광을 누리고 기쁜 마음으로 조심스럽게 감수를 한 일도 잊지 못할 경험이었다.

라이더 웨이트 타로카드 같은 모던 계열의 타로카드를 사용하는 사람뿐만 아니라 클래식 타로카드를 사용하는 사람도 만족할 만큼 상징에 충실하면서도 창조적인 새로운 카드가 타로카드를 활용하는 데에 더욱 큰 기쁨이 되리라 기대한다. 기꺼이 감수자의 의견을 수용하여 이토록 아름다운 타로카드를 만들어준 만물상 작가에게 감사를 표한다.

끝으로 이 책이 나오기까지 나의 운명의 길을 기꺼이 가라고 인도하는, 언제나 내 삶을 응원해주고, 도와준 당고에게 무한한 감사와 사랑을 전한다.

당고를 만나게 된 계기이자 고비마다 스스로에 대한 진실을 탐구하는 여정을 함께 걷고 있는 한국성폭력상담소 후원 회원의 모임인 소소모임에도 운명의 든든한 배경이 되어주어 고맙다고 말하고 싶다.

그리고 초보 번역자를 독촉하지 않고 언제나 편안하고 즐겁게 지지해준 담당 편집자님께도 감사드린다.

또한 번역하는 동안 전시 공간 하나를 작업실 겸 상담소로 내어준 어반플루토 아티스트 여러분에게도 고맙다는 인사를 꼭 남기고 싶다.

점성술에는 절대 관심 없는 물리학자 아빠, 오늘의 운세 같은 것도 보지 않는 엄마, 언니가 뭘 하든 묵묵히 응원해주는 동생 소정이에게도 사랑을 보낸다. 엄격하지만 온 힘을 다해 본인이 아는 모든 것을 가르쳐주려고 애를 쓰신 이경흔 선생님께도 깊은 감사의 인사를 드리고 싶다.